ペッポ（別保）原野区画図

発行：北海道庁

1896年（明治29年）3月28日初 版

1929年（昭和4年）3月20日第3版

明治政府が開拓を進めるため、民間に払い下げた際の区画図。当時の「釧路」は釧路川左岸だった。「ハルトル沼（春採湖）」が現在よりもかなり大きかったことが分かる。

阿寒川は当時、釧路川に注ぐ支流。蛇行しながら合流していた。釧路川河口には大きく砂嘴《さし》（アイヌ語でオタエト）が突き出している。このオタエトを崩して左岸河口を埋め立て、1901年（明治34年）に入舟町、港町などを含む港湾が造成された。幣舞橋の場所に描かれている橋は、1889年（明治22年）架橋の民営橋「愛北橋」。初代幣舞橋架橋は1900年（明治33年）。愛北橋の上流で、中島を経由して両岸を結んでいる橋は「釧路橋」（「釧路川橋」という説もある）。1894年（明治27年）に架橋された官営の橋で、愛北橋が倒壊した1898年（明治31年）と同じころに倒壊したとみられている。

南二十九線とあるのが、現在の釧路湖陵高校の前の直線道路。

『くしろ写真帳』正誤表

001 ページ　本文 10 行目
（誤）當國繁殖　　（正）富国繁殖

021 ページ　㊤の写真説明（1 ～ 2 行目）
（誤）幣舞橋を渡ってすぐ左､のちに日本銀行支店がつくられる場所にあるのは釧路信用組合（現在の釧路信用金庫）
（正）幣舞橋を渡ってすぐ左には、のちに日本銀行支店がつくられる。

026 ページ　写真説明（1 ～ 3 行目）
（誤）**初代幣舞橋を中心とした釧路市全景**＝明治後期の絵はがきセット、函館市中央図書館所蔵「橋を中心として見たる釧路町全景」というタイトルの 6 枚組み絵はがき。1908 年（明治 41 年）～ 1909 年（明治 42 年）ごろとみられる。初代幣舞橋時代の釧路市街のパノラマとなっている。
（正）**三代目幣舞橋を中心とした釧路全景**＝大正期の絵はがきセット、函館市中央図書館所蔵「橋を中心として見たる釧路町全景」というタイトルの 6 枚組み絵はがき。1915 年（大正 4 年）～ 1920 年（大正 9 年）ごろとみられる。三代目幣舞橋時代の釧路市街のパノラマとなっている。

115 ページ上段　メインストリート真砂町の写真説明（9 ～ 10 行目）
（誤）エンパイヤークリーニング
（正）エンパイアー

くしろ写真帳

木村 浩章
佐藤 宥紹
柴田 哲郎【編著】
中江 徹
藤田 卓也
北海道新聞社

北海道新聞社

はじめに

１９５４年、石川栄耀早稲田大学工学部教授は、釧路を盛岡、松江とならぶ日本三大名都の一つとした。釧路湿原の広がり。その向こうに阿寒の山脈。夕日の美しい太平洋。さらに幣舞丘陵で望める釧路川と幣舞橋。北大通を軸に東西に広がる都市形態。日本銀行釧路支店の旧営業所跡は市民の誇りでもある。戦前から戦後にかけて日本の都市計画分野を牽引した石川教授の「日本三大名都」論は、戦後急速に成長し20万都市になった「釧路市の表情」をよくあらわしている。

釧路市は釧路川の河口に成立した都市だ。１９２０年（大正９年）までこの川に阿寒川が合流していた点を知る市民は少ない。１８５８年（安政５年）、松浦武四郎は阿寒、網走、斜里、釧路川の流域を調査し、悠久の自然、豊富な資源を読みとった。アイヌ民族の生活・生業・文化が築かれたはずの本・支流合流点に廃墟・空閑の地が多い一方、河口に80戸余のアイヌ民族大集落が形成された「異」を記録する。武四郎は肥前・鍋島家の家臣に書簡を献ずる。「（釧路は）當國繁殖の一大域」。訳するに「資源豊富、河川水系で搬出に好都合の地」と読める。この献策は１９７０年代まで、釧路地域の開発軸、開発の思想となっていた。水産・石炭・製紙業を三大基幹産業、加えて海陸空の交通機能の集積は、「釧路市の表情」を形成した経済基盤と位置づけられる。

１９５６年、原田康子さんの小説『挽歌』がベストセラーとなり女流文学賞を受賞した。『挽歌』は釧路の同人誌「北海文学」に連載された作品だ。市立釧路図書館の図書館報「読書人」、市立博物館が発行する「釧路市立郷土博物館新聞」にも、地域の有識者はこぞって投稿した。三誌らに掲載した作品・論考をベースに釧路叢書が発行される。その釧路叢書には１９６９年、北海道新聞社会文化賞が贈られている。原田さんの作家としての成熟に励まされるかのごとく、このマチの地方出版事業はすそ野を広げてきた。２０１３年には桜木紫乃さんが直木賞を受賞した。こうした出版文化の伝統を、「釧路市の表情」の〝意味と価値〟を示す中軸と整理したい。

本書が、地方出版文化のメッカからの情報発信として、広く愛されることをひたすら願う。

２０２０年６月

編集者を代表して
釧路短期大学教授　佐藤宥紹

ハコ

釧路の海に沈む夕日
＝2006年2月18日、
北海道新聞社

美しい街に
今日も美しい夕日が沈む

美しい街には、人の感情に寄り添う
景色がある。今まで数多の表現者が
そう思ったことだろう。
街を包む湿地は、人の侵入を拒みながら、
急ぎがちな時を引き止めてきた。
蛇行する川は、ここに生まれ暮らすひとの
営みを、絶え間なく見守ってきた。
川がゆったりとたゆたう姿は、
人々の寄りどころでもあっただろう。
夏を抱き続けている乳色の霧さえも、
記憶の彩りである。
耳をすませば、霧笛が聞こえる。

ここに、記憶を綴じた一冊が在る。
街を切り取った一瞬のそこかしこに
わたしたちの声と暮らしが在る。
ひたむきに生きている姿である。
幣舞橋の上で駅を振り返れば、
街を創ってきた先人の足音が聞こえる。
北大通を往く盆踊り、デパートから出てくる
大勢の人、同じ柄の紙袋。
待ち合わせた時間が、十字街を交差する。
美しい街に、今日も美しい夕日が沈む。
川面にはオレンジ色の街灯が揺れる。
頁を開いたときに香り立つのは、
ひとりひとりかたちの違う故郷に流れてきた
美しい時間である。

桜木紫乃

さくらぎ・しの
小説家　釧路市出身

長倉商店の前で、父、母、弟と私（小学年ぐらい）

故郷に想う

長倉　洋海

夏の夜、実家の寝床に入りこむと、港の方から「ボォ〜」と汽笛が聞こえてくる。そんな時、「いま自分は釧路に帰っているんだなあ」と実感する。

18歳で故郷を離れ写真家となった私は、故郷を振り返ることなく、世界の紛争地を巡った。ベイルートでは砲弾の下を駆け抜け、アフガニスタンでは激流を渡河し地雷源を突き進んだ。激動を写真で捉えるためには死も厭わないつもりだった。

南部タイで独立を目指して戦うイスラムゲリラ戦士に従軍中、モスクの柱に彫られた言葉に触れ、私の中で何かが変わった。「人はいつか生まれたところに帰らなければならない」――。その言葉に胸を突かれ、「私が帰るべき場所はどこなのか」と自問した。アフガニスタン、エルサルバドル、南アフリカ……。出逢った人たちは、過酷な状況の中でも、心の拠り所を持ち、魂の置き場所を知っていた。私はどこから来てどこへいくのか。私が生まれた故郷・

小学校５年生のころ、地球儀を前に

写真：長倉洋海さん提供

1996年、釧路市美術館での写真展のワークショップ「釧路を撮る」。和商市場で参加者と

釧路をもっと知りたいと思った。

『くしろ写真帳』に掲載された釧路。活気あふれる北大通、買い物客で賑わう和商市場、リヤカーで干しカレイやホッケの開きを売る女たち、汽車を待つ人々、海底炭鉱から炭塵で顔を黒くして上がってくる労働者たち、校庭のリンクでスケートをする子どもたち。誰もが生き生きと写しとられている。当時の凍えるような寒さ、春のぬかるみ、路上から舞い上がった土ぼこりも記憶の奥から蘇ってくる。私を育み、祖父母と両親が生活を刻みこんだ釧路。だが、時は過ぎ、街から往時の賑やかさは消え、道ゆく人の佇まいも変わった。それでも、春にはフキノトウが芽を出し、湿原にはタンチョウが舞う。阿寒川の紅葉はあざやかに色づき、彼方の日高山脈の連峰は白銀にきらめく。

長い旅を経て辿り着いた故郷。ここに私は何を刻み込めるのだろうか。それは変わることなく在り続ける釧路を見据え、未来へ歩を進める若人たちの意気を感じ取ったものでありたいと願う。

ながくら・ひろみ
写真家　釧路市出身

もくじ

氷都・釧路の校庭リンク　各小学校の校庭につくられるスケートリンク。釧路っ子のスケートはここから始まる。

釧路湿原＝2008年7月8日掲載、宮島岬からキラコタン方向を望む　北海道新聞社

▼本書は、写真によって釧路の街の歩みをたどる書籍です。したがって、写真技術が北海道に入ってきた明治以降が対象で、とりわけ釧路が都市へと急成長した大正から昭和期が中心となっています。
▼釧路の歴史は、アイヌ民族のコタンから始まります。研究者によって諸説ありますが、13〜14世紀に擦文文化が終わり、アイヌ文化が始まったとされ、1643年（寛永20年）の文献に「クスリ」のアイヌの人々が交易を行っていた記録が残っています。釧路市城山にあるモシリヤチャシ跡は1751年（寛延4年、宝暦元年）ごろの築造です。江戸時代後期のクスリ場所の絵図にも多数のアイヌの人々の集落が描かれています。1869年（明治2年）、蝦夷地が北海道に、クスリは釧路に改称されましたが、それ以降の歴史よりも、はるかに長いアイヌ社会の歴史があります。先住民族から続く長い釧路の歴史の中で、「写真」という手がかりで見ることのできる一部分を切り取った書籍であることを踏まえて、本書を楽しんでいただければ幸いです。
▼文中の年号は、第2次世界大戦が終わった1945年（昭和20年）までは西暦と元号の併記、戦後は原則として西暦のみの表記としています。
▼写真説明には原則、撮影年、地域、所蔵者を記載しました。撮影者が判明している写真は撮影者も記載しています。「北海道新聞社」とだけ記載されている写真は、北海道新聞社が撮影し、社で所蔵している写真です。撮影日が不明ながら北海道新聞の紙面掲載日が分かる場合は「○年○月○日掲載」と記載しています。
▼本書に掲載した写真・絵はがきのうち、変色や傷、汚れ、カビなどが目立つものは修正処理しました。絵はがきには印刷された文字や消印などを消す処理をしたものもあります。
▼引用文献、参考文献は文中に記載しています。

I　幣舞橋　釧路川

釧路の夕日と幣舞橋＝1989年10月12日掲載、北海道新聞社

幣舞橋

釧路のシンボル。その景観はもちろん、釧路川の両岸をつなぐ交通の要衝であり、物流の拠点でもある。現在の橋は五代目。初代は、町制施行で釧路町となった1900年（明治33年）に架けられた。当時、道内最長の木橋だった。1909年（明治42年）に二代目、1915年（大正4年）には三代目に架け替えられた。1917年（大正6年）に釧路駅が現在地に移転すると、幣舞橋から鉄道駅までが一直線につながり、釧路川の西側（西幣舞）が急速に発展。第1次世界大戦に伴う好景気で人口も増加し、釧路は1920年（大正9年）に町から区に、1922年（大正11年）に市へと昇格した。そして1928年（昭和3年）、「北海道三大名橋」とうたわれた四代目の幣舞橋が完成した。道内で初めて鉄筋コンクリートが使用された永久橋。優雅なアーチを描くヨーロッパ風の壮麗なデザインは、釧路川河口に独特の景観を創出した。釧路空襲の米軍機による激しい機銃掃射にも、1952年の十勝沖地震の津波にも耐えた。しかし、モータリゼーションの波には勝てず、交通渋滞緩和を理由に1975年、その役目を終えた。2年後に完成した現在の幣舞橋は、先代の面影を残しながら機能性を高めて造られ、「北海道の名橋」という称号を引き継いだ。

四代目の幣舞橋=1930年代（昭和5～15年ごろ）　北海道新聞社所蔵
札幌の豊平橋、旭川の旭橋と並び、「北海道三大名橋」と称された四代目幣舞橋。全長118メートル、幅18.3メートル。道内初の鉄筋コンクリート製の橋で、歩道と車道が分けられ、車道は片側２車線だった。優雅なアーチを描くヨーロッパ風のデザイン、橋上に設置された４基の大理石によるオベリスク（記念柱）は、頑丈さと美しさを兼備していると高く評価された。供用期間は1928年（昭和３年）11月3日～1975年6月30日。

幣舞橋（四代目）の橋脚部分に腰掛ける子どもたち＝1950年代ころ　真砂町倶楽部所蔵
幣舞橋から釧路川へダイブする子どもたちの姿は、夏の風物詩だった。もちろん現在は禁止。釧路川から岸壁に上がって焚き火で体を暖める姿も当時はよく見かけた。

霧の幣舞橋（四代目）＝1975年6月3日夕刊掲載、北海道新聞社
霧とロマンの街として全国に釧路を発信することになったのも四代目幣舞橋。

幣舞橋（四代目）の開通式＝1928年（昭和３年）、北海道新聞社所蔵（複製）
四代目渡り初めには、橋を埋め尽くすほどの市民が集まった。

幣舞橋（四代目）から見た幣舞町方面＝1952年ころ、北海道新聞社
幣舞の地名は、祈願をする場所（幣場）のあるところを意味するアイヌ語の「ヌサ・オ・マイ」）が由来とされている。

空から見た幣舞橋と釧路港＝1959年6月2日掲載、北海道新聞社

冬の幣舞橋（四代目）と釧路川＝1964年2月21日掲載、北海道新聞社
1960年代にはほとんど結氷することがなくなった幣舞橋付近の釧路川。明治半ばごろまで河口まで堅く結氷し川の上を人が往来し、昭和の前半まで氷切りも行われた。

釧路川での採氷＝昭和初期の絵はがき、函館市中央図書館所蔵
昭和初期、マグロの豊漁により氷の需要が高まり、釧路川の氷切りが盛んになった。

THE MAIN ROAD OF NISHI-NUSAMAICHO VIEWED FROM THE FRONT OF THE FIRE BRIGADE STATION, KUSHIRO.
（釧路）幣舞橋消防本部前より西幣舞町大通を望む
（鐵塔の高さ壹百尺）

四代目幣舞橋の右岸のたもとにそびえる消防望楼＝昭和初期の絵はがき、函館市中央図書館所蔵
1929年（昭和４年）につくられた消防本部の望楼。高さ25.8 メートルの鉄塔で、市内を展望できた。
明治、大正、昭和初期の釧路は火災が多く大火も相次ぎ、対策として望楼が建設された。

昭和初期の幣舞橋周辺＝函館市中央図書館所蔵
富士製紙釧路工場（現・日本製紙釧路工場）発注の絵葉書セット。消防本部の鉄塔上よりとあり、1929年（昭和４年）～1933年（昭和８年）に撮影された写真とみられる。釧路川左岸の真砂町は現在の南大通５丁目周辺。当時の中心市街地だった。
㊦幣舞橋の下流にあった中州は戦後にも名残があった。写真右下にある建物は釧路魚菜市場。

㊤幣舞橋の延長線上の高台にある四角い建物は市役所庁舎。その左に道路をはさんで立つのが警察署。幣舞橋を渡ってすぐ左、のちに日本銀行支店がつくられる場所にあるのは釧路信用組合（現在の釧路信用金庫）。
㊦高台に三角の屋根がつきだしている大きな建物は釧路博済病院（釧路赤十字病院の前身）。

昭和初期の幣舞橋周辺＝函館市中央図書館所蔵
富士製紙釧路工場発行の絵葉書セットの続き。釧路川の右岸、西幣舞方面。㊤右の大きな通りが現在の北大通。中央のビルは丸三鶴屋、その手前は北海道拓殖銀行（拓銀）西幣舞出張所、さらに手前が平和市場。

1931年（昭和６年）の新釧路川通水により、釧路川の埋立工事が行われている。

写真中央やや右よりの大きな建物は末広町３丁目のえびす座。

愛北橋＝北海道新聞社所蔵
幣舞橋の前身となる民営橋「愛北橋」。1889年（明治22年）～1898年（明治31年）。江戸時代から交通と物流の大動脈だった釧路川を越えるには、渡船しか方法がなかった。その釧路川の河口に最初に架けられた橋が「愛北橋」だった。名古屋に本社を持つ商事会社「愛北物産」が自費で架橋・運営した有料橋の木橋。幅3・6メートル、長さ216メートルは当時、道内最長だった。架橋の9年後に倒壊、再び渡船となった。写真は長崎県の沢村英男氏が1958年、釧路市に寄贈したうちの1枚。北海道新聞社が複写し、矢印を書き入れ、不鮮明な部分を加工している。沢村氏の父が、別保炭鉱長やコンブ採取業を営んでいた1896年ごろに撮影したとみられる。釧路川の河口にオタエト（後に漢字で「苧足糸」と表記）と呼ばれた大きな砂嘴（さし）がはり出している様子が分かる。

歴代幣舞橋

初代幣舞橋＝絵葉書「幣舞橋」5代目幣舞橋完成記念（釧路市刊）より、釧路市教育委員会生涯学習課所蔵
1900年（明治33年）～1909年（明治42年）
町制が施行されて釧路町となった年、初の官設による橋が架けられた。地域の名を取って「幣舞橋」と命名された。幅4.2メートル、長さ203メートルの木橋。増水による上流からの流木や、冬場の結氷や流氷で9年で倒壊した。来釧した石川啄木が釧路停車場に降り立ち、下宿へ行くために渡ったのは、この初代の幣舞橋だ。

二代目幣舞橋＝撮影年不明、『釧勝根北寫眞帖』より転載、釧路市教育委員会生涯学習課所蔵
1909年（明治42年）～1915年（大正４年）
初代幣舞橋が倒壊したその年のうちに、新しく架け替えられた二代目。渡り初めは11月３日に行われた。全長は初代と同じ203メートル、幅4.5メートルの木橋で、「簡易トラフ」と呼ばれる木組みを11連つなげた簡単な構造だった。冬の結氷や流氷の衝突、春の増水による流木の衝突などで、６年で倒壊。

三代目幣舞橋＝大正期、釧路市教育委員会生涯学習課所蔵（複製）
1915年（大正４年）～1924年（大正13年）
長さは201メートル。木橋ながら幅7.2メートルあり、旧橋の二倍近い幅員があった。四代目の仮橋が完成するまでの９年間利用された。この間は釧路の街が大きく発展した時期。1917年（大正６年）に釧路駅が現在地へ移転、1922年（大正11年）には市制施行で釧路市となった。

初代幣舞橋を中心とした釧路市全景＝明治後期の絵はがきセット、函館市中央図書館所蔵
「橋を中心として見たる釧路町全景」というタイトルの6枚組み絵はがき。1908年（明治41年）～1909年（明治42年）ごろとみられる。初代幣舞橋時代の釧路市街のパノラマとなっている。
㊤が釧路川河口方向。左岸が当時の中心部だった真砂町。橋のたもとに「サッポロビール」の広告塔が見える。すでに左岸の埋立工事が完了し、河口の砂嘴（さし）は短くなってきている。右岸の桟橋（ドルフィン）は初代釧路駅から直接、艀（はしけ）で荷（主に木材）を積み込むための施設で、1908年（明治41年）に建設中だったという記録がある。
㊦は上流方向。「木処（きどころ）釧路」と呼ばれたころの釧路川。原始の姿の名残をとどめている。右端の写真は茂尻矢の市街。川岸に見える煙突は、釧路製材造船会社（1907年設立）とみられる。

五代目幣舞橋開通式の渡り初め＝1976年11月26日、北海道新聞社

五代目の幣舞橋は長さ124メートル、幅33.8メートル。片側３車線と歩道。四代目（長さ118メートル、幅18.3メートル）と比べ、ぐんと広くなった。道東の交通の要衝だけに、工事は開始から完成までわずか１年５カ月というスピードだった。構造的にも当時の橋梁技術の粋を集めたものとして高く評価された。４基のオベリスクやアーチ型は先代の面影を残している。

全面開通は11月26日午後３時。花火が打ち上げられたのを合図に仮橋が閉鎖され、渡り初めとなった。翌27日の朝刊によると、北大通５から富士見坂の交差点まで車で埋まるほどだったという。また、開通を前に、橋上を歩行者天国にして記念行事も行われ、市内や近隣市町村の郷土芸能や音楽隊の演奏などが繰り広げられた。あいにくのみぞれ模様の寒い日だったが、市内はもちろん近隣からも大勢の人が訪れて架橋を祝った。

開通した時点では、「四季の像」はまだ設置されていない。

五代目幣舞橋＝1976年12月9日夕刊掲載、北海道新聞社
写真右に仮橋が残っており完成まもない時期の撮影と見られる。「四季の像」がお目見えするのは翌1977年5月。北大通の東側（写真右側）には北海道新聞釧路支社、くしろデパート、丸三鶴屋など、北大通西側には丸ト北村、北海道銀行釧路支店などが並ぶ。

四季の像 除幕式＝1977年５月３日、北海道新聞社
日本の現代彫刻を代表する作家４氏によるブロンズ像「四季の像」で全国的に知られる現在の幣舞橋（五代目）。完成した1976年11月には、まだ四季の像は設置されていなかった。除幕式は半年後の1977年５月３日。この日は、前夜から朝にかけて道南を除く全道で季節はずれの雪に見舞われ、釧路も５月としては記録的な降雪量となった。寒い朝にもかかわらず、大勢の市民が幣舞橋に集まった。制作したのは「春」が舟越保武、「夏」が佐藤忠良、「秋」が柳原義達、「冬」が本郷新の各氏。写真は「夏」の像。

アサヒビール
水産ホテル

日専連旅行センター
翔け はやぶさ 道東の空に!

幣舞橋と釧路フィッシャーマンズワーフＭＯＯ＝2019年9月25日、北海道新聞社

1963年の出世坂
＝1963年9月20日掲載、北海道新聞社

霧の通学路
＝2001年４月19日、北海道新聞社
正面の花時計の下から出世坂が始まる。

出世坂

幣舞橋左岸のたもとと幣舞町の高台を結ぶ急坂の名は「出世坂」。この坂から見る幣舞橋を心に刻んできた市民も多い。1913年（大正2年）、富士見に北海道庁立釧路中学校（釧路湖陵高校の前身）が開校し、通学路になったことから、昭和初期ごろ「出世坂」と呼ばれるようになった。それ以前は「支庁裏の坂」「地獄坂」とか、「おサヨの坂」（1911年にこの付近で起きた事件の被害者の名）と呼ばれていた。現在は、幣舞公園となっている。原田康子さんの『挽歌』の碑、松浦武四郎蝦夷地探検像があるほか、幣舞橋、北大通、阿寒連峰を一望できる屈指の展望地だ。

㊤**出世坂改修工事完成式**＝1982年10月９日、北海道新聞社
釧路市が市制60周年の記念事業として、坂の改修工事を行い、「出世坂」の碑も建立した。完成式では、釧路湖陵高校の生徒や市民らが登り初めをした。

㊦**小説『挽歌』の文学碑除幕式**＝1998年9月26日、幣舞公園　藤田印刷所蔵
文学碑前で記念撮影する文芸誌「北海文学」の同人たち。中央左でいすに腰掛けている女性が原田康子さん。その斜め左後ろに立っているのが桜木紫乃さん。中央右でいすに腰掛けている男性は「北海文学」主宰の鳥居省三さん。

建設中の全天候型植物園
ＥＧＧ＝1988年11月、
北海道新聞社
複合商業施設に隣接した
ＥＧＧは市民や観光客の
憩いの場となった。

釧路フィッシャーマンズワーフ MOO

幣舞橋のたもとの釧路川右岸岸壁に１９８９年７月に開業した複合商業施設「釧路フィッシャーマンズワーフＭＯＯ」。幣舞公園や出世坂途中から見下ろす幣舞橋と「ＭＯＯ」の姿は、今や釧路を代表する景観となった。釧路出身の建築家毛綱毅曠氏による設計で、「ＭＯＯ」は「Marine Our Oasis」の頭文字。大型ホテルも周辺に開業し、水産基地・釧路の中心だった幣舞橋エリアは、観光都市の拠点地域に姿を変えてきた。

幣舞橋とＭＯＯ＝2010年11月
29日、北海道新聞社

夜霧に浮かぶMOO＝2000年8月1日掲載、北海道新聞社

幣舞橋　四季の像（春）舟越保武 氏 作

幣舞橋　四季の像（夏）佐藤忠良 氏 作

幣舞橋　四季の像（秋）柳原義達 氏 作

幣舞橋　四季の像（冬）本郷 新 氏 作

橋の街

新旧二つの釧路川の両岸を橋がつなぐ独特の景観。なかでも全国に知られるのは幣舞橋の夕景だ。釧路市民の間では昔から、幣舞橋から眺める夕日、夕焼けに浮かぶ幣舞橋のシルエットの美しさは有名だった。春と秋の夕暮れはまさに宝石のようだ。

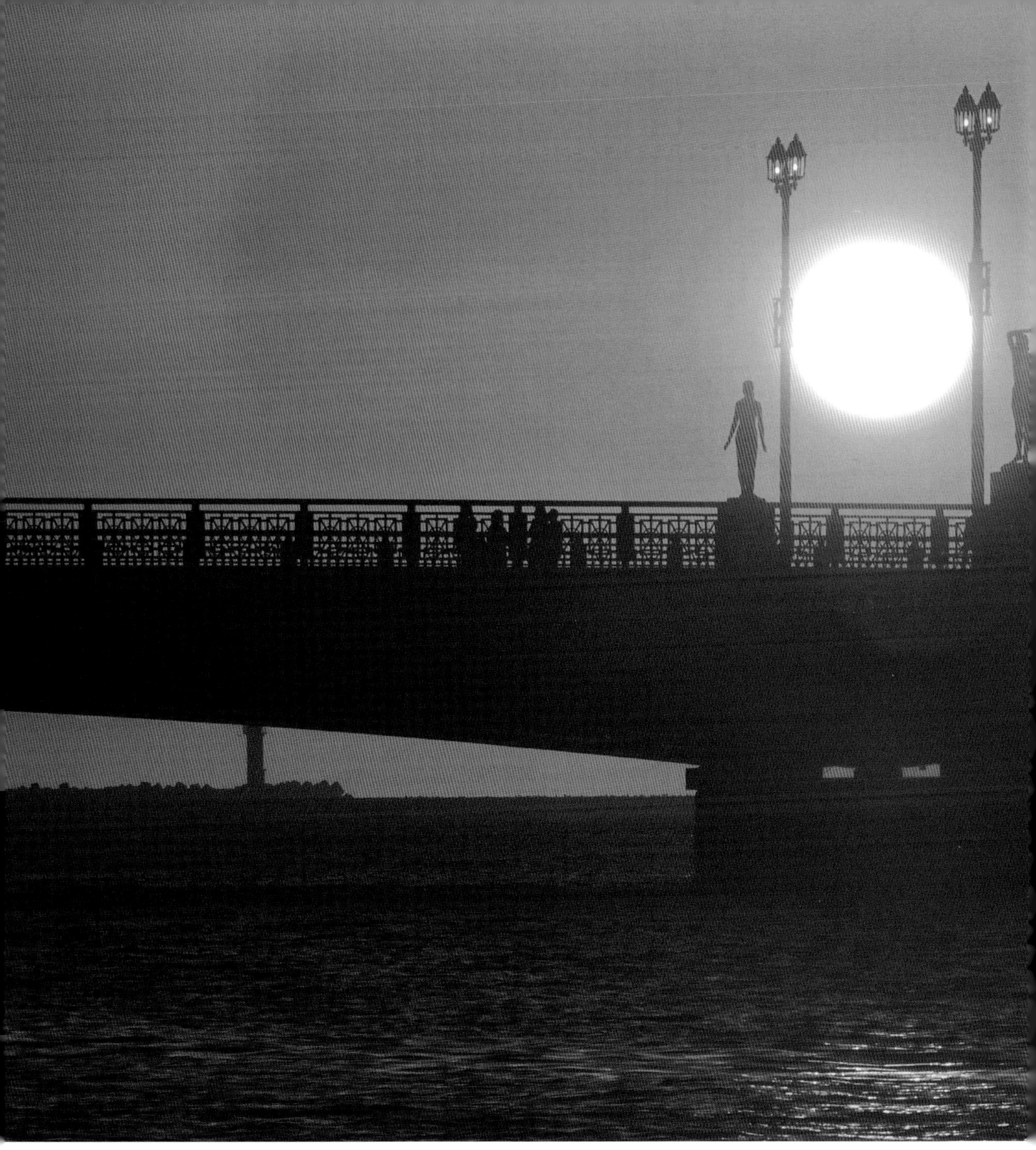

夕日＝㊤2010年9月30日、幣舞橋の上流から、秋葉隆（藤田印刷）撮影　藤田印刷所蔵
㊦2020年3月21日、幣舞橋　北海道新聞社

1983 年 1 月 3 日に紙面掲載した空撮写真＝北海道新聞社
この当時の河川名は「旧釧路川」。1967 ～ 2001 年は、現在の新釧路川が「釧路川」の名だった。多くの支流河川が河口付近で合流し、太平洋に注ぐ「母なる川」の両岸を、幣舞橋など複数の橋がつなぐ。

釧路湿原
日本最大の湿原。1980 年に国内第 1 号のラムサール条約登録湿地となり、1987 年には国立公園に指定された。

雪裡橋
写真当時は貝塚大橋（1988 年供用開始）がなく、旭橋から雪裡橋までの間には、車両や人が渡る橋はなかった。

別保川

国鉄根室本線の鉄道橋
現在のＪＲ北海道根室本線。

旭橋

久寿里橋

日本銀行釧路支店
1952 年からここで営業 2013 年に幸町の新営業所に移転した。

南大通
昔の真砂町界隈。昭和初頭まで中心市街地だった。

①明治期の阿寒川の流路

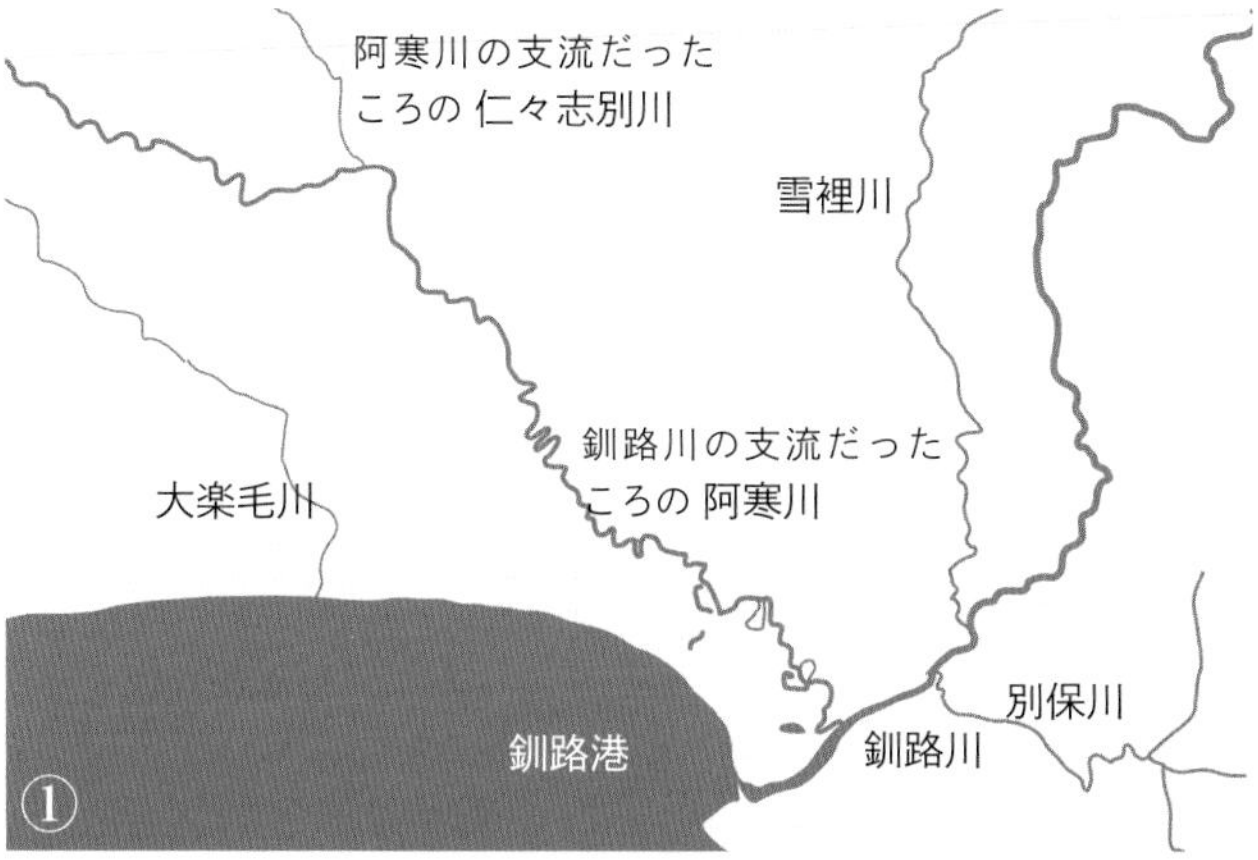

②阿寒新川への切り替え＝ 1918 年（大正 7 年）

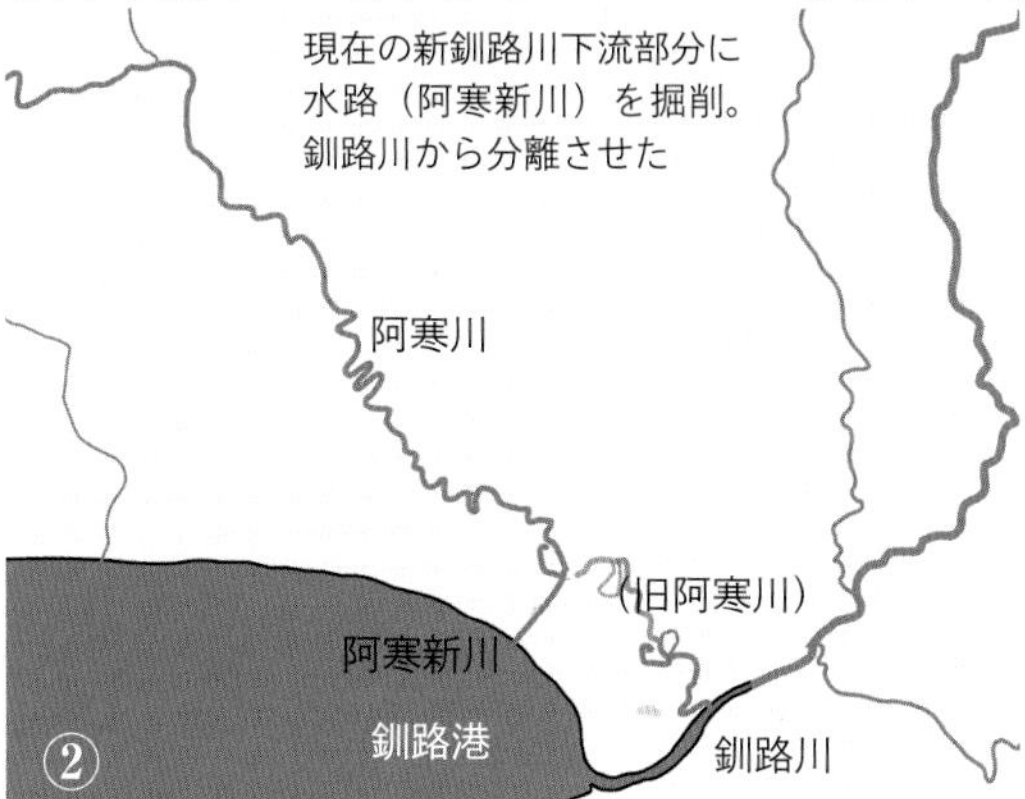

③大正 9 年 8 月洪水　阿寒川が現在の流路に

1920 年（大正 9 年）、釧路川左岸の丘陵以外のほとんどが水没する大水害が発生。阿寒川は大楽毛川下流に開削していた分水溝へと流れ込み、大楽毛で太平洋へと流れ出す流路に変わった。大楽毛川は阿寒川支流となった。
仁々志別川と阿寒川の合流地点の上流で流路が切り替わったため、鳥取地区を流れていたそれまでの流路は仁々志別川となった。

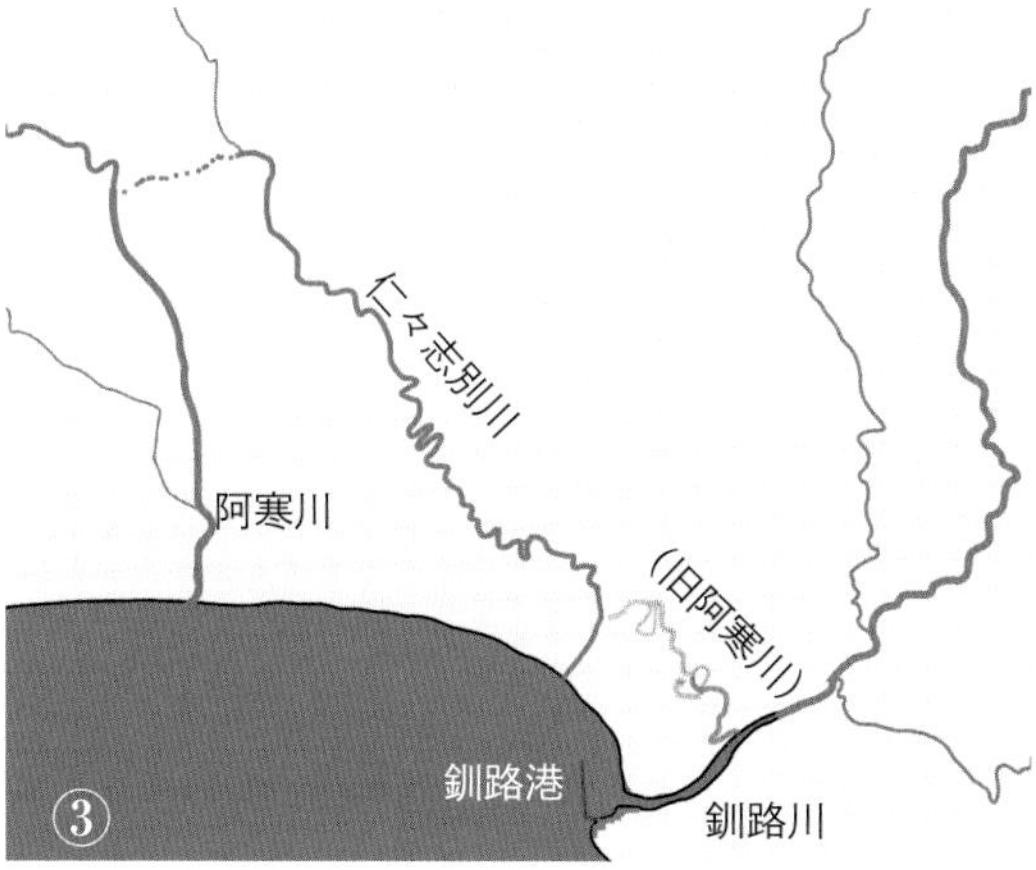

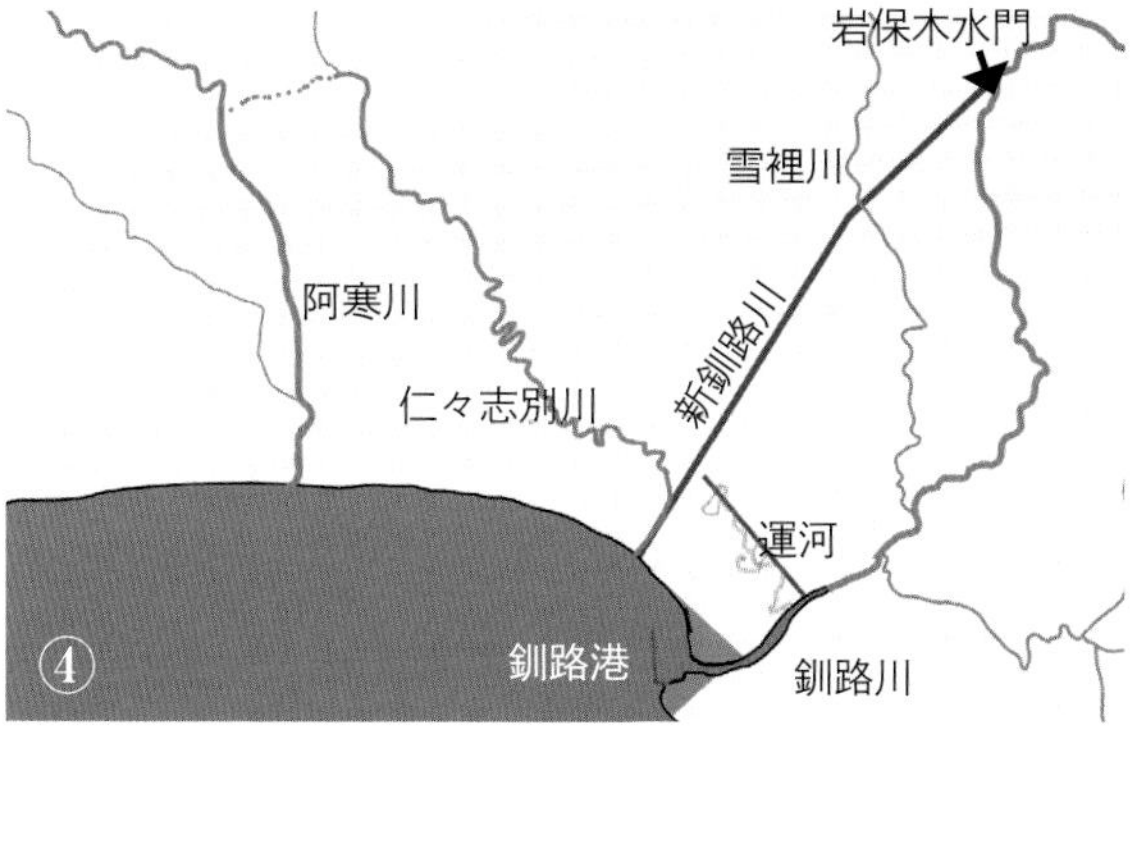

④釧路川新水路(新釧路川)＝ 1931 年(昭和 6 年)

大正 9 年 8 月洪水により、釧路川水系の治水事業が本格化。1921 年（大正 10 年）から、釧路川を岩保木で分流し、阿寒新川の河口へと流す新水路の開削を始めた。1931 年（昭和 6 年）に通水。新釧路川と名付けられた。
新・河川法（1964 年制定）に基づき、1967 年に釧路川が一級河川に指定される際、新釧路川（新水路）が「釧路川」に、岩保木から下流の釧路川が「旧釧路川」へと名称が変わった。しかし、釧路市民は、本来の釧路川の流れに「旧」がつくことを良しとせず、長年、名称を元に戻すよう要望。2001 年 4 月、旧釧路川は釧路川に、釧路川は新釧路川に、それぞれ元の河川名に戻った。

水面貯木場
2014 年度で廃止となった。この貯木場と釧路港をいかだが行き交った。

釧路市・釧路町境界

運河跡（柳町公園）
1931 年（昭和 6 年）、釧路川水系の治水事業により新釧路川が通水。付帯工事として新釧路川と釧路川を結ぶ木材運搬の用途も見据えた水路（運河）の工事が始まった。旧･阿寒川を埋めながら、その流路の一部も使って掘削が進められたが、鉄道整備などで計画は中止。1951 ～ 1964 年の区画整理事業で埋め立てられ、跡地に柳町公園などが造成された。

昔の阿寒川の合流地点
現在は大楽毛に河口を持つ阿寒川は、もともとは釧路川の支流。鳥取地区を蛇行しながら横断し、この辺りで釧路川に合流していた（㊧の 4 枚の図参照）。阿寒川はたびたび氾濫し、「あばれ川」と呼ばれていた。

旭小学校
2007 年、寿小学校と統合し、中央小学校（寿町 1 丁目）となった。旭小学校跡には現在、ヤマダ電機などが立っている。北大通地区の居住人口が多かった時代、市内屈指の大規模校だった。

丸三鶴屋新館

マルカツビル

くしろデパート

水産ビル
現在の釧路フィッシャーマンズワーフMOO

ラッコのクーちゃん＝2009年２月16日、北海道新聞社
2009年冬、釧路川河口にラッコが出没。幣舞橋付近で悠々と浮かんでいたり、岸壁をよじ登ったりとかわいらしい仕草で人気者になった。ラッコ見物に夢中になって足を踏みはずして川に落ちる人も出るほど。写真は２月16日午前。市民が見守る中、岸壁での日なたぼっこ。

Ⅱ　港とともに

北転船のスケトウダラ水揚げに沸く釧路港副港
＝1974年4月15日掲載、北海道新聞社

河口に開く港湾都市

釧路港の開港は１８９９年（明治32年）。以来、釧路は港とともに歩んできた。

現在の釧路港は大きく東港区と西港区に分けられるが、このうち釧路川の河口に位置する東港区が釧路港の始まりだ。古くは、江戸幕府の派遣した探検家最上徳内《もがみとくない》らが１７９１年（寛政3年）に調査した結果をまとめた『東蝦夷道中記』に「クスリベツ大河」の船着場《ふなつきば》についての記述がある。17世紀ごろからは、松前藩がアイヌとの交易を行い、クスリ＝釧路は、道東地区の漁業、交易、交通の中心となっていった。明治以降は近代港湾としての整備が進み、道東の物流拠点として国内有数の港湾へと成長。戦後の１９５１年には重要港湾の指定を受け、１９６９年からは物流拠点機能の拡張のために西港区の整備が始まった。西港区は２０１９年までに第1埠頭から第4埠頭までが供用となり、釧路港の物流機能の中心となっている。一方、東港区は、漁業基地としての機能のほか、旅客船の利用岸壁など交流拠点の機能も担っている。

活気あふれる釧路河岸魚揚場＝1951年、北海道新聞社

1951年2月8日朝刊「変貌する都市　釧路の巻」のために撮影された写真とみられる。右奥に四代目幣舞橋、左奥に消防本部の望楼が見える。記事では、戦時中に一時衰退した水産業が再起して「自由経済の波に乗って水産ブームをおう歌している」と紹介。1945年（昭和20年）に５万600人まで減った人口も９万３千人に増え、「水産王国釧路」は好景気に沸いていると報じている。

1949年から51年にかけて、釧路港はマサバ漁とサンマ漁で活況を呈した。漁期には、全国からマサバ漁船、サンマ漁船が釧路港に集まり、岸壁を埋め尽くすようになった。

大正時代の釧路港＝三輪写真館撮影、『開基90年釧路市の歩み』（1959年）より 枕木輸出、石炭や雑穀を積み出す桟橋が延び、数多くの船が沖待ちをしている。

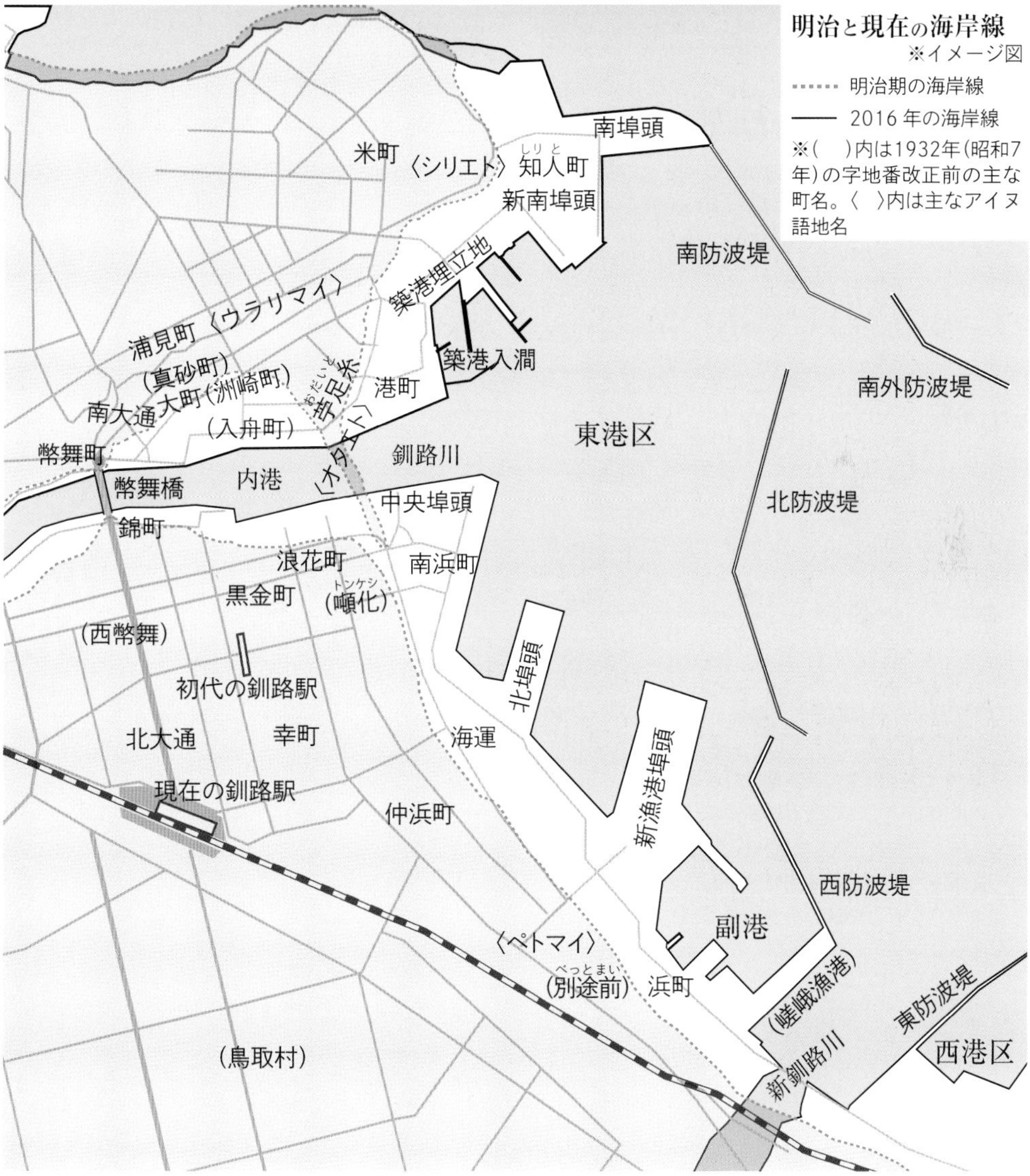

「内港」の入舟町岸壁が明治期の港だった。
「錦町」岸壁は1907年（明治40年）～1959年（昭和34年）の魚揚場。新漁港埠頭は現在の魚揚場。
貿易港としての原点は入舟町が造成される前の洲崎町の岸壁。貿易港としての釧路港の能力は、南埠頭で150万トン、北埠頭計画時で250万トン、新南埠頭・中央埠頭が加わり550万トン、西港時代は2200万トンになった。

“日本一”の漁港

1969年から9年連続全国1位、1978年の2位をはさんで翌1979年から13年連続の全国1位。釧路港は水揚げ量日本一の港として全国に名をとどろかせた。捕鯨でも1952年から10年間、全国一の捕獲頭数を記録する屈指の捕鯨基地だった。

釧路は沖に栄養塩豊富な寒流、陸からは大量のプランクトンの供給という好条件による世界的な好漁場をもつ。江戸時代から前浜でニシン、コンブ、サケの漁が、青森・岩手の漁業者によって行われ、明治になると、タラ、カレイ、マグロを獲る新潟・富山出身者が釧路沖に出漁した。東北・北陸の出漁者は釧路に定住し、漁村漁業が形成された。特にマグロ漁は大きな利益を生み、漁船の大型化や市場・専用漁港開設に貢献した。

戦後、サンフランシスコ講和条約締結と石油販売自由化で、北洋漁場への出漁が可能となった。漁村の定住者のうちには、引き続き前浜漁業を生業とする漁業者、沖合・北洋を目指す層が生まれる。さらに、釧路港は北洋に近い漁港として国内各漁港に所属する漁船の水揚げ港となり、「水産基地」の名で呼ばれるようになる。釧路港の大量水揚げは、全国から集結するサンマ漁船、北洋サケ・マス漁船、サバ・イワシ巻き網船団、北転船などの「外来船」によって支えられた。国際的な200カイリ規制、公海流し網禁止など遠洋漁業の環境が年々厳しくなり、1980年代から水揚げ量は大きく減少している。

釧路川左岸の岸壁にひしめき合う漁船＝1950年秋、北海道新聞社
サンマ漁は1930年代以前は流し網で行われていたが、1949年ごろには全ての漁船が棒受け網に転換した。漁法の大きな転換期の舞台になったのが釧路沖だった。水産基地・釧路に全国から集まってくる「外来船」の漁業者は街に活況をもたらした。

捕鯨基地・釧路＝北海道新聞社
㊧は1950年10月30日掲載、極洋捕鯨釧路事業場所属キャッチャーボート「第5京丸」同乗ルポ　㊨は1961年8月4日掲載、極洋捕鯨釧路処理工場でのマッコウクジラの解体

太平洋戦争が始まった1941年（昭和16年）、道内で鯨肉の販売は始まった。釧路では1944年（昭和19年）、極洋捕鯨が釧路事業場を開設。1951年には東洋捕鯨（のちの日本水産捕鯨部門）が釧路に進出。港の北端に極洋捕鯨、南端に日本水産が捕鯨基地を構える一大基地となった。1953年ごろからはミンククジラを捕獲する沿岸小型捕鯨船も全国から集結する基地となった。

戦中・戦後の食料難はもちろん高度成長期まで、クジラは貴重なタンパク源だった。釧路では1950年から学校給食に鯨肉が登場、その味を懐かしむ市民も多い。

サンマの水揚げでにぎわう釧路港＝1957年８月28日掲載、北海道新聞社

サンマの水揚げ＝1955年8月、釧路港、北海道新聞社
8月22日朝刊に「サンマの山」という見出しで掲載。豊漁で街全体が活気づいた。

物売り船＝1955年10月3日掲載、北海道新聞社
釧路港の活況に伴い、船の「出店」も登場。

流氷到来＝1960年2月6日掲載、北海道新聞社
記事によると、流氷により1月下旬から小型漁船が出漁できなくなり、さらに2月に入って氷の量が増し、70～80トン級の底引き網漁船も釧路港に閉じ込められたという。奥に四代目幣舞橋が見える。

釧路港副港＝1961年6月17日掲載、北海道新聞社
㊤は副港の施設外観、㊨はせり。副港は、釧路港内の浜町地先を埋め立ててつくられた漁港区。1951年に国の予算がついて着工となり、1959年11月には市設魚揚げ場などの施設も完成した。当初は暖房設備などが整わず副港市場は夏場だけの使用で、冬場は錦町市場が使われたが、1962～64年に整備が進んで年間利用されるようになった。60年代半ばからは大型漁船の接岸が可能な岸壁へと改修され、釧路港は水揚げ量日本一となった。

釧路港副港＝1961年11月、北海道新聞社

満船飾で新春を祝う錦町岸壁の漁船＝1964年１月４日掲載、北海道新聞社

サケ・マスの選別作業
＝釧路港副港、北海道新聞社
北洋サケ・マス漁の時期、魚揚げ場は水揚げされたサケ・マスで埋め尽くされる。早朝から選別作業が進む。㊤は1969年６月24日、㊦は1975年６月５日、㊧は1983年６月12日にそれぞれ掲載。

北洋サケ・マス出漁準備＝1960年４月、北海道新聞社
釧路港に集結したサケ・マス漁船。

釧路港副港から北洋に向かう中型サケ・マス船団
＝1976年４月30日午前４時、北海道新聞社

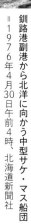

明治後期から大正初期の釧路港の水揚げ＝釧路市教育委員会生涯学習課所蔵（坂井木材寄贈写真）
右奥に見えるのは二代目幣舞橋であることから、1909年（明治42年）～1915年（大正４年）の撮影とみられる。釧路では1899年（明治32年）、越後（現在の新潟県）の漁民が故郷で使われていた川崎船を導入。それまで沿岸域にとどまっていた漁場が、沖合へと拡大し、それに伴い漁獲量も増大した。

マグロ漁でにぎわう釧路港（絵はがき）＝函館市中央図書館所蔵

明治後期から戦前の時期、釧路港はマグロの一大水揚げ港だった。マグロ漁は明治後期から始まり、大正期に本格化。昭和初期には漁船の動力化によってマグロ漁は最盛期を迎え、1929年（昭和４年）には約１万1500トンを記録した。「鮪（マグロ）の釧路か釧路の鮪か」という言葉もあったという。しかし、マグロの水揚げはその後急速に減少、1934年（昭和９年）～1941年（昭和16年）はマイワシが水揚げの主役となる。

昭和初期のマグロ水揚げ＝昭和初期とみられる写真、北海道新聞社所蔵（複写）

釧路港副港でのマサバの水揚げ＝１９７３年８月21日掲載、北海道新聞社
戦後直後から釧路港の水揚げを支えるマサバは豊漁が続き、さらに北転船によるスケトウダラの水揚げが急増したことから、１９６９年、釧路は水揚げ量日本一となった。水揚げ量日本一は１９７７年まで9年連続。78年に八戸港に日本一の座を奪われたものの、マサバからマイワシへと魚種が変わったことによって翌79年には再び日本一に。１９９１年まで13年連続日本一を記録した。

㊧**秋サケ定置網**＝1999年10月21日掲載、釧路東部漁協岸壁、北海道新聞社
北海道の沿岸漁業の3本柱といわれる「サケ定置」「コンブ」「ホタテ」のうち「サケ定置」と「コンブ」も釧路沿岸は水揚げ量トップクラス。サケ定置網漁で漁獲するシロザケは、春に沿岸に回遊する魚をトキシラズ、秋に生まれた川を目指して戻ってくる魚が秋サケ（釧路では秋アジとも）と呼ぶ。釧路が誇る海の幸だ。

㊨**シシャモ漁**＝1994年10月25日、釧路港副港、北海道新聞社
シシャモの水揚げでも全道トップクラスの釧路港。秋、新釧路川に大量のシシャモの群れが遡上する。

北転船によるスケトウダラの水揚げ＝1974年3月20日朝刊掲載、北海道新聞社

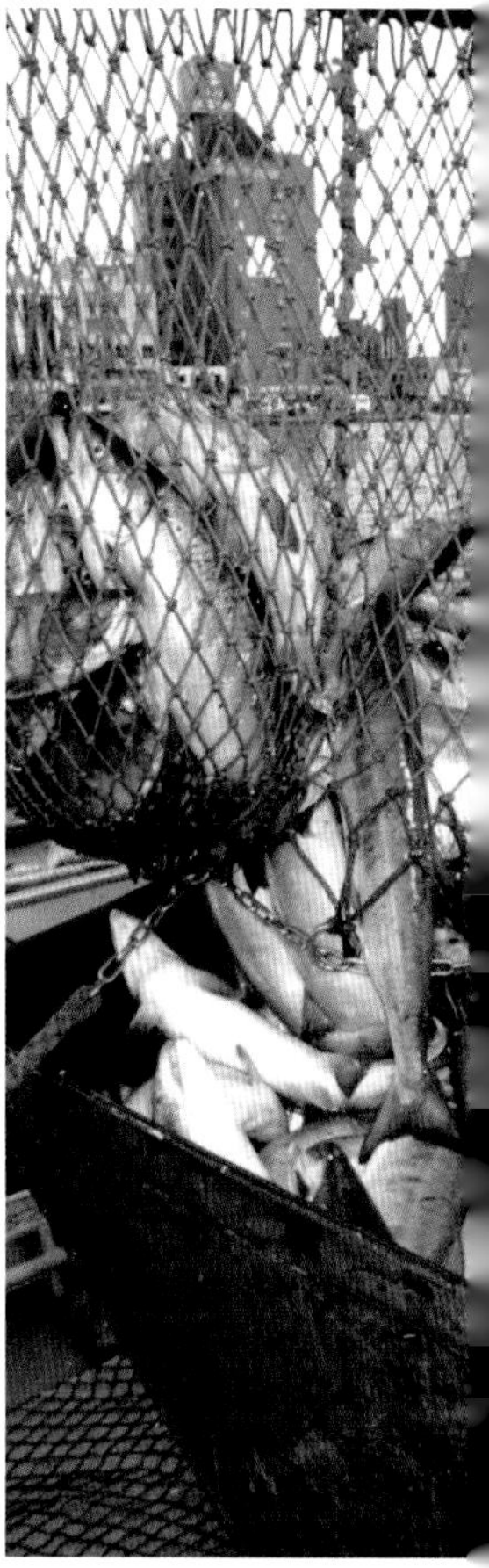

コンブ干し＝2014年7月3日、桂恋、北海道新聞社
釧路のコンブはナガコンブという種類。主にコンブ料理に使われる。世界最長になるコンブだ。漁期は7月ごろ。5～6月には、若いナガコンブを採取する「サオマエコンブ漁」が行われる。

北転船水揚げで運搬トラックも大混雑する釧路港副港＝1974年３月、釧路港副港、北海道新聞社３月６日夕刊掲載。当時は岸壁の数も足りず、さらに水揚げ制限も加わり、２日間の「岸壁待ち」も生じるほどの大混雑だったという。

秋サケ豊漁＝1994年9月29日、釧路港副港、北海道新聞社
1994年ごろから秋サケは豊漁が続いた。国や漁業者によるサケ・マスふ化事業の大きな成果だった。水揚げ量が多すぎて浜値が低迷するほどだった。

イワシ水揚げ＝1978年7月3日、釧路港副港、北海道新聞社
200カイリ規制でスケトウダラ、北洋サケ・マスの水揚げが大きく落ち込んでいた釧路港に、活気を取り戻させたのがイワシだった。当日の北海道新聞夕刊釧路版は『イワシさまさま』活気づく関連業界」の見出しで、この年の初水揚げを伝えた。

イワシの大量水揚げ時代＝１９８１年８月、釧路港副港、北海道新聞社
マイワシ漁獲量増大により、水揚げ量は１９８３年に１００万トンを突破し、１９９０年まで１００万トン超を記録した。ピークは１９８７年の１３３万トン。当時世界一だった日本の水揚げ量は全体で約１千万トン。その１割以上が釧路で水揚げされていた。その後、マイワシは徐々に減り始め、90年代半ばにはほとんど漁獲されなくなった。

064 西港

釧路港西港の造成工事は1969年に始まり、1974年には第1埠頭と石油桟橋が完成し、本州製紙釧路工場専用の重油タンクへ供給するタンカーを第一船として迎えた。第1埠頭では、石油製品、製紙業の紙・パルプ製品を主に取り扱い、木材チップ船などが利用しているほか、1999年まで釧路—東京のカーフェリーが就航する埠頭だった。1983年に供用開始となった第2埠頭は穀物バルク船による飼料原料の輸入に利用されている。第3埠頭は1990年、第4埠頭は2002年にそれぞれ供用開始。海外炭や化学肥料などに利用されているほか、2009年にはガントリークレーンが整備され、コンテナターミナルが完成した。国際貿易港としての発展が期待されている港湾だ。

西港時代へ＝1978年１月３日掲載、北海道新聞社
「名実ともに"西港時代"へ」の見出しで、釧路港の主力がこの年、釧路川（当時の河川名は「旧釧路川」）河口の東港区から西港へと移る見通しを報じた記事の写真。西港第１埠頭は背後地の石油配分基地が1977年末までにほぼ整備され、石油供給体制が整ったと報じている。

西港建設予定地＝1969年7月、北海道新聞社
この海岸線を埋め立てて西港は造成された。手前は新釧路川。
当時の河川名は「釧路川」。

第3埠頭供用開始後の西港
＝1996年、北海道新聞社

整備が進む西港から東港区を望む＝1978年3月、北海道新聞社

西港着工を祝うセレモニー＝1969年、北海道新聞社

フェリー

映画「幸福の黄色いハンカチ」（山田洋次監督、1977年）で、武田鉄矢さん演じる青年を東京から北海道へ運んだのが近海郵船フェリーの東京―釧路航路だった。近海郵船によるカーフェリー定期航路の開設は1972年4月。フェリー「まりも」（9258トン）が就航した。続いて「ましう」（8783トン）、「さろま」（8885トン）が就航。多くの人と物資を運び、特に夏の観光シーズンは大勢の観光客でにぎわった。年間旅客数は1974年には8万4千人を数えた。1990年には、使用船が、豪華フェリー「サブリナ」（1万2521トン）、「ブルーゼファー」（1万2521トン）へと代替わり。しかし、空路の充実などで旅客数が減り、1999年11月、旅客営業を廃止。貨物専用のRORO船の就航となった。

世界への玄関口

近世の交易はもちろん、釧路と他都市との人の移動は長きにわたって船が主役だった。釧路港は本州、さらに世界への玄関だった。

1878年（明治11年）に郵便汽船三菱が函館―根室の定期航路を開設。1885年（明治18年）に郵便汽船三菱と共同運輸が合併した日本郵船が北海道命令航路を引き継ぎ、釧路寄航が指定された。これを皮切りに各社の定期便が就航、明治後期には日本郵船、金森商船、前田汽船、函館汽船による4社が釧路―函館航路で競合した。日本郵船はその後、釧路と本州、上海、大連などを結ぶ航路を開設していき、1936年（昭和11年）には「東航世界一周線」の寄港地に釧路港を組み込んだ。

鉄道網整備後も旅客船は重要な交通手段だった。戦後は日本郵船の「雲仙丸」（写真㊧、パンフレットは1952年発行＝いずれも近海郵船提供）が1950～54年、釧路－東京間の定期航路に就航。そして、日本郵船の近海航路を引き継いだ近海郵船がカーフェリーの定期航路を開設した。

㊨**涼しい夏を求めてフェリー「まりも」から北海道に訪れる観光客たち**＝1973年７月27日、釧路東港区フェリー埠頭、北海道新聞社

㊦**「さろま」から降船するトレーラー**＝1978年４月13日、釧路西港第１埠頭、北海道新聞社
近海郵船が「まりも」「ましう」に続く第三船として東京―釧路航路に就航させたフェリー。これにより、フェリーは毎日運航となった。フェリー岸壁も釧路西港へと移った。

釧路港に入港した「まりも」＝1972年４月３日、釧路港東港区北埠頭、北海道新聞社
市民や関係者に迎えられ入港した「まりも」。記事によると、この日はテスト輸送してきたトラック43台を降ろした。４日にレセプションと一般公開を行い、６日に東京に向けて初の航海に出航した。

流氷に覆われた釧路港を巡視船の誘導で＝1986年３月18日、釧路西港、北海道新聞社
港が流氷に覆われ、「まりも」は前日から港口で足止め。釧路海保の巡視船「そうや」の誘導で航路を確保し、25時間遅れで到着した。

「サブリナ」第1便到着＝1990年5月19日、北海道新聞社
「サブリナ」は当時、国内最速の巡航速度と、専用バルコニーや豪華客室を備えたフェリー。第1便の到着を祝う歓迎式も行われた。

釧路西港からのフェリー最終便＝1999年11月13日正午、船上、北海道新聞社
最終便は「ブルーゼファー」。出港のドラの音が響き、見送りのテープが舞った。

港まつり

072

くしろ港まつりは、戦後間もない１９４８年、釧路港開港50年を記念して開催された「釧路港開港50年港まつり」を第1回とし、現在まで続く港町・釧路を代表するイベントだ。毎年8月第一週の金、土、日の3日間にわたり、北大通を歩行者天国にする「大漁ばやしパレード」「市民踊りパレード」「音楽パレード」の三大パレードを中心に、さまざまなイベントが繰り広げられる。霧フェスティバルを同時開催した時期もある。２００４年から始まった「釧路大漁どんぱく」で行われている道新花火大会は、もともとは港まつりで打ち上げられていた。

一万人市民踊りパレード＝1973年８月４日、北大通、北海道新聞社
まつり２日目のパレードのフィナーレを飾った、「一万人」と銘打ったパレード。柳町公園、釧路港副港、幸町公園の３カ所から計６隊が出発し、釧路駅前で合流。約３千人の踊り手が、北大通を埋め尽くし、沿道の観客の熱気も最高潮に達した。

第52回くしろ港まつりの市民踊り
＝1999年７月31日、北大通、北海道新聞社
釧路駅から幣舞橋までつながった市民踊り。

第36回くしろ港まつりの大漁ばやしパレード
＝1984年８月３日、北大通、北海道新聞社

勇壮な大漁ばやしパレード＝1981年７月31日、北大通、北海道新聞社
第34回のまつり。幸町公園を午後６時半にスタート。７台の山車が北大通を威勢良い掛け声と共にパレードした。

第60回くしろ港まつり大漁ばやしパレード＝2007年、８月３日、北大通、北海道新聞社
山車の電飾も華やかに。

第56回くしろ港まつりの市民踊りパレード＝2003年8月2日、北大通、北海道新聞社

発展する貿易港

釧路港は1890年（明治23年）、特別輸出港に指定され、石炭・硫黄・米・小麦・麦粉の5品目に限り、直接海外へ輸出できることになった。指定の背景には、硫黄の産出・積出し港となっていたことが挙げられる。当時道内で指定されたのは小樽港と釧路港の2港だけだった。指定に伴い函館税関釧路出張所が設置され、知人岬の頂上には釧路埼灯台が建てられ、1891年（明治24年）から点灯された。

普通貿易港の指定は1899年（明治32年）で、これを釧路港の開港としている。翌年には、釧路―白糠の鉄道敷設に伴い、スウェーデン船籍の船が、米国ボールドウィン社製の機関車を積載して入港した。これが釧路港にとって初の輸入船となった。その後しばらく釧路港の貿易は輸入中心だったが、日露戦争終結後の1905年（明治38年）以降、輸出に転じた。鉄道枕木の輸出が急増し、釧路港は木材などの一大集散港となったのだ。このころから釧路港の修築を待望する声が挙がっていった。

1909年（明治42年）、帝国議会は釧路港修築予算を可決。修築の概要は、まず知人岬から南防波堤を張り出して外洋からの波を遮断、同時に、釧路川河口に流下する大量の土砂への対策として、釧路川の支流だった阿寒川の流路を鳥取村で切り替えることだった。さらに、1916年（大正5年）の計画改定で、北東の風波を抑える北防波堤が加えられた。南防波堤は1922年（大正11年）に完成。1931年（昭和6年）には新釧路川の導流堤を兼ねた東防波堤が完成した。北防波堤と西防波堤は1937年（昭和12年）に完成した。

1918年（大正7年）に阿寒新川が通水し、阿寒川は釧路川本流から切り離された。しかし、1920年（大正9年）8月、記録的豪雨のため釧路川で大洪水が発生。この大洪水の結果、釧路川を岩保木地点で分流し、阿寒新川と合流させて海に流す治水計画が策定された。現在の新釧路川だ。通水は1931年（昭和6年）だった。この治水工事により、釧路港の水深は保たれることになった。

1925年（大正14年）には、太平洋炭礦が、南防波堤先端部のバースまでの石炭桟橋を完成、使用を開始した。さらに翌年、釧路市が、南防波堤の内側の埋め立て工事に着工。1929年（昭和4年）に南埠頭が竣工した。これにより、沖合で船荷をはしけに積み替えることなく、本船を接岸して荷揚げすることが可能になった。この埠頭はその後、釧路臨港鉄道に売却され、太平洋炭礦の石炭ローダーが2基され、石炭積み出しに威力を発揮した。

北埠頭は、雄別炭礦の専用石炭埠頭として民間による計画が始まった。親会社の三菱鉱業が全面出資して1938年（昭和13年）、釧路埠頭倉庫株式会社を設立、埋め立て工事に着工した。その規模は「完成の暁には東洋一の設備」と称された。戦後、雄別炭礦が三菱鉱業から独立するなど紆余曲折はあったが、1949年に石炭積み込みは始まった。1951年には2基目のローダーも完成、石炭荷役が増強された。一般貨物の扱いも行われ、戦後の釧路港発展の推進力となった。

高度成長期に入ると、釧路経済も急速に発展。1957年には本州製紙の釧路進出も決まった。国は1958年、直轄事業で、南浜町地先の公有水面を埋め立てる中央埠頭の建設に着工した。1967年に竣工。同年に釧路くみあい飼料のサイロが建設されたほか、翌年に十條製紙・本州製紙の両釧路工場のパルプ原料用チップの工場搬入のための施設、中央埠頭チップヤードが完成した。この時期は、中央埠頭を核として釧路港が充実発展した。

北埠頭、中央埠頭が完成し、港湾施設も充実した。しかし、日本経済の発展と同時に、太平洋側の釧路港の重要度は増していき、その取扱貨物量は想定を超える増加となった。新たな港湾施設が必要となり、新富士から大楽毛に至る海岸線に臨海工業地帯を造成し、多目的港湾施設を建設することとなった。1969年、工事着工。新港は「釧路西港」と正式名称が決まった。着工からほぼ半世紀を経て、西港は第一埠頭から第四埠頭までが完成。第二埠頭の巨大穀物サイロ群をはじめさまざまな倉庫施設が建てられ、ガントリークレーン、アンローダーなどの大型荷役専用機械設備も充実、企業の進出も相次いでおり、釧路経済の中核を担う港湾となっている。

2011年には、ばら積み貨物の国の輸入拠点「国際バルク戦略港湾」に指定された。西港区第2埠頭に、飼料用穀物などを満載した大型船が接岸できる新岸壁を新設した釧路港国際物流ターミナルが2018年に完成。2019年3月から本格的な運用が始まった。

Ⅲ　中心街今昔

70年代半ばの幣舞橋と北大通＝1974年11月13日掲載、北海道新聞社

北大通

戦後の釧路のにぎわいを象徴する街、北大通。中心商店街であり、ビジネス街であり、休日にはおしゃれをして出かけたり、家族でちょっと贅沢な時間を過ごしにいく場所でもあった。ただ、北大通はもともと釧路の中心街だったわけではない。１８６９年（明治2年）、アイヌ語の「クスリ」を語源に「釧路」と名付けられた街は釧路川河口左岸から始まった。現在の北大通は、西幣舞と呼ばれる地域の一部だった。

左岸から右岸への拡がりは、鉄道開通が大きな要因だ。民間の愛北橋が落橋し渡船となっていた釧路川に１９００年（明治33年）、国費で幣舞橋が架けられ、翌１９０１年（明治34年）に釧路―白糠間に鉄道が開通。鉄道延伸に伴い、街のにぎわいも幣舞橋と釧路駅を結ぶ地域へと移っていった。１９１９年（大正8年）の道路拡張に伴い、住民が「北大通」という呼称を使うようになり、これが町名となった。１９４５年（昭和20年）の釧路空襲で東側は焼け野原となったが、たくましく復興。釧路のみならず道東の戦後の発展を支えた。幣舞町にあった釧路市役所の庁舎が現在の黒金町へと移転・新築したのは１９６５年だ。

昭和初期の北大通4丁目、5丁目＝1937年（昭和12年）以前、北海道新聞社所蔵
中央右側に1930年（昭和5年）開業の丸三鶴屋。「TSURUYA」の文字が読める。屋上には大勢の人が北大通を見下ろしている。丸三鶴屋の手前の丸い屋根の建物は、北海道拓殖銀行西幣舞出張所。

十字街＝1941年３月３日、北海道新聞社所蔵
北大通５、６丁目と国道38号の交差点は古くから「十字街」と呼ばれてきた。６丁目東側の角に立つドーム型の屋根が特徴的な建物は釧路千秋庵。その手前は大谷時計店だ。釧路千秋庵は1934年（昭和９年）、函館千秋庵からののれん分けで創業した和洋菓子店。1937年（昭和12年）建築の洋館風の店舗は北大通のシンボルの一つだった。
1970年12月、４階建てのビルに建て替えられ、ドーム型の屋根は姿を消した。釧路千秋庵は1987年８月に閉店。札幌の千秋庵製菓が引き継いだが、千秋庵製菓釧路店も2014年１月に閉店。十字街から千秋庵の看板が姿を消した。
㊦は、昭和初期の同じ場所の写真を使った絵はがき＝函館市中央図書館所蔵

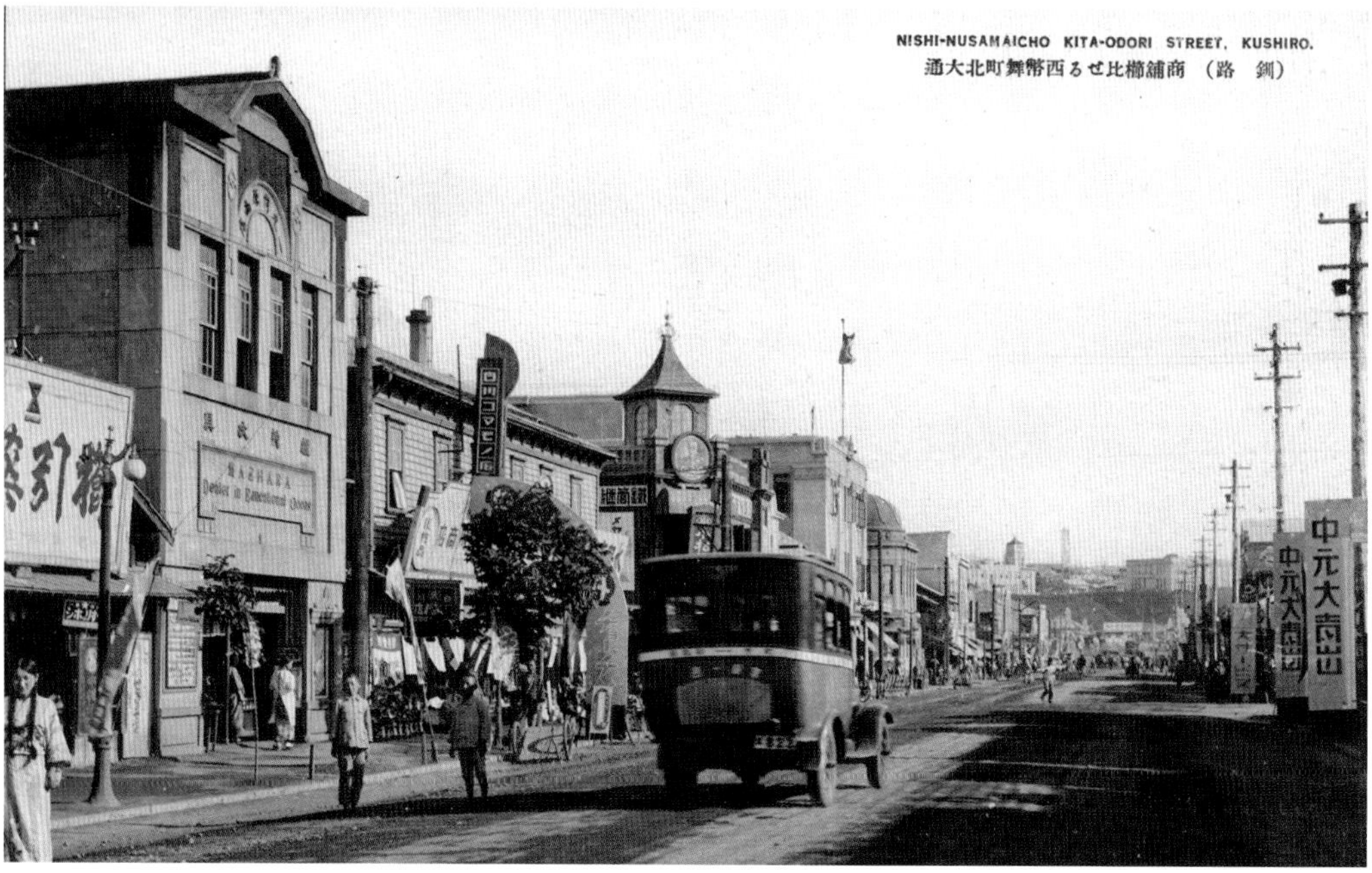

千秋庵と大谷時計店＝1960年、北大通６丁目東側。真砂町倶楽部所蔵
千秋庵の隣の大谷時計店も北大通の老舗。壁の時計が目印だった。

百貨店と商店街

釧路中心市街地の「顔」ともいえる存在だった百貨店「丸三鶴屋」。１９３０年（昭和５年）９月25日、両角呉服店（真砂町）が西幣舞（現・北大通５丁目東側）に開業した。鉄筋コンクリート一部４階建て。スチーム暖房を備え、下水道が整備されていない時代にもかかわらず浄化槽方式の水洗トイレも導入した。正面玄関にショーウインドーを備えた店舗は、木造瓦屋根の店が並ぶ商店街で異彩を放ち、当時の市民を驚かせた。釧路の発展の勢いが幣舞橋の南から北地区へと移っていった時代。次々と商店が進出し、道東の商業の中心地、北大通を形成していった。１９４５年７月の釧路空襲で北大通東側は焼け野原となったが、そこからも力強く復興した。

丸三鶴屋＝北大通５丁目東側。北海道新聞社
㊤1957年、㊧1964年
丸三鶴屋は1960年に総７階建ての新店舗を増築。エレベーター２基とエスカレーターを整備して売り場面積も45％拡大し、道東一のデパートになった。フロア全体を「和」の雰囲気の内装で演出した「キモノサロン」、時代を先取りした若者向け衣料を取り入れた「ティーンエージャーショップ」開設、眼鏡売り場の新設……と多様な品ぞろえで市民生活をリードした。
「本物志向」の商売で市民から信頼されてきた百貨店だったが、1980年代以降、大型スーパーとの競合激化などで売り上げが低迷。1996年８月31日 に閉店した。札幌の百貨店丸井今井が株式の大半を買収し、建物は同年10月４日、丸井今井釧路店として開店したが、2006年８月、丸井今井釧路店も閉店した。

丸三鶴屋の店内＝1968年ごろ、真砂町倶楽部所蔵

丸ト北村＝1960年、北大通４丁目東側。真砂町倶楽部所蔵

丸三鶴屋とともに北大通の商業を牽引した百貨店が丸ト北村だった。1906年（明治39年）、西幣舞（現・釧路市北大通２丁目、翌年に４丁目に移転）で創業した「丸と北村呉服店」が始まり。1955年に商号を丸ト北村に改称し、1967年に百貨店としての営業を開始。実用衣料を中心とする衣料品を全般に強みを持つ百貨店に成長した。

景気悪化と大型店などの進出による競争激化で1978年に経営破綻。金融機関主導で再建が図られたが2000年２月に閉店した。

三宅カバン＝1960年、北大通６丁目東側。真砂町倶楽部所蔵
高橋肉店の並びにあった。1923年（大正13年）創業のかばん店。

白川商店と丸昭高橋肉店＝1960年、北大通６丁目東側。真砂町倶楽部所蔵
戦後、３階建てのビルに建て替えられた玩具の白川商店と、その隣の丸昭高橋肉店。078ページの写真と比較すると、戦前の前原商店の建物を活用していることが分かる。高橋肉店は1928年（昭和３年）に南大通で開業。1948年に北大通６丁目に移転した。戦後の食糧難の時期には釧路町に自営の牧場を持ち、市民に食肉を供給したという。

佐藤印舗＝1960年、北大通6丁目西側。真砂町倶楽部所蔵
佐藤印舗は1921年（大正10年）開業。写真が撮影された当時、この通りには、戦前からの「お茶の杉本園」。戦後に進出した北海道拓殖銀行釧路支店、「洋服のいせや」などが並んでいた。

いせや＝1960年、北大通６丁目西側。真砂町倶楽部所蔵
戦後、６丁目西側に開業した婦人服の専門店。店頭に山積みされた商品から、当時の繁盛ぶりがうかがえる。

丸善伊藤商店、ヤスモトカナモノ＝1960年、北大通５丁目西側。真砂町倶楽部所蔵
釧路空襲の被災を免れた戦前からの商店が並んでいた一角。「伊藤商店」の看板は果物販売の丸善伊藤商店。1901年（明治34年）、米・雑貨・酒などを扱う商店として創業。戦後、果物店として再出発した。木造店舗は1970年にビルへ建て替えられ、1982年にはその３階に「画廊丹青」もオープンした。
その並びには金物専門店「ヤスモトカナモノ」。1970年に４階建てのテナントビルとなった。

松並家具店＝1960年、北大通６丁目東側。真砂町倶楽部所蔵
釧路町桂木の家具・インテリア店「エムズ・マツナミ」の前身。明治末に南大通で開業し、北大通４丁目に移転。釧路空襲で被災して６丁目東側で再開した。その後、北大通４丁目への再移転を経て、釧路町へ移った。

中山茶紙店＝1952年、北大通５丁目東側。真砂町倶楽部所蔵
中山茶紙店は1909年（明治42年）、真砂町（現・南大通）で創業し、西幣舞（現・北大通）へ移転。1932年（昭和７年）築の木造モルタル３階建ての店舗は洋風の斬新なデザインで注目を集めたが、釧路空襲で全焼した。戦後、バラック造りの仮店舗で営業を再開。㊨は1952年ごろ、その店舗を撮影した写真。㊧は1956年、鉄筋コンクリート造りのビルを新築、オープンしたころの写真。

五十集屋（いさばや）のおばさん＝1950年代初頭ごろ、北大通５丁目西側の斉藤呉服店横。真砂町倶楽部所蔵

「五十集屋のおばさん」と呼ばれ、市民に親しまれ、頼りにされていた魚販売の女性たち。朝、水揚げされたばかりの魚をリヤカーに積み込んで路上で販売する姿は、1960年代半ばまで北大通など街のあちこちで見られ、港町・釧路を象徴する光景だった。

「五十集」はもともと漁場を意味する言葉だが、釧路では、魚市場や魚の行商人など、市民生活を支える「街の魚屋さん」を指す言葉でもあった。「五十集屋」の女性たちは戦争で夫を亡くした人、働けない夫に代わって家計を支える人、漁師の妻など事情はさまざまだったが、みな威勢がよく気さくで市民に愛された存在だった。写真のころの釧路は、戦後の物資不足の中にありながらも、サバやサンマの記録的な豊漁、石炭の増産、紙パルプの活況で、力強く戦後復興に踏み出した時期。水産加工場や魚揚場、魚市場では多くの女性たちが働き水産業の振興を支えた。

呉服店

新旧の街並み向かい合わせに＝１９６１年ごろ、北大通2丁目から5丁目。真砂町倶楽部所蔵
写真右手の北大通東側は１９４５年７月の釧路空襲から復興した街並み。左手の北大通西側は戦災を免れた戦前からの商店街。この当時、新旧の街並みが対照的に向かい合っていた。西側商店街に見える「新巻さけ」の看板は本間商店。東側の写真手前には平和市場、山下書店、村上金物店、佐藤呉服店がアーケード街をつくっている。その奥の４丁目にマルカツビル。さらにその向こうに5丁目の丸三鶴屋が見える。

マルカツビル＝㊤1960年ごろ、㊦1970年ごろ、北大通４丁目東側。真砂町倶楽部所蔵
1959年に建築の５階建てのマルカツビル（坂本ビル）。１階はセトモノのマルカツ。その上に大和証券、明治生命などが入った。５丁目の丸三鶴屋とともに近代的な商店街への変化を象徴するビルディングだった。

喫茶リリー＝1935年（昭和10年）ごろ、北大通４丁目西側。真砂町倶楽部所蔵
戦前から北大通のハイカラな文化の象徴的な存在だった「喫茶・御食事リリー」（後に「喫茶リリー」に店名を変更）は1935年に開店した。店内にはモダンないすやテーブル、蓄音機。当時の家庭では味わうことのできない雰囲気と香り豊かなコーヒーを楽しむ場としてにぎわった。

㊤**平和市場末広町側入り口**＝1960年ごろ、末広町。真砂町倶楽部所蔵

平和市場の末広町側入り口と「靴の秋田河」。平和市場は1929年（昭和４年）に設立された食料品店や衣料品店、金物店が同じ屋根の下に集まった共同店舗。釧路空襲で焼失したが、戦後すぐに露店から再出発。1953年には共同店舗が再建された。写真のころは宮地菓子店や平林商店、金安薬局、近江屋、魚の村田、甘万などが営業。当時、市場東側の末広町には、映画街、飲食店や雑貨店などが軒を連ねた「いなり小路」、飲食店街が連なり、平和市場を中心に、市民が憩う活気あふれた界隈だった。

㊦**くしろデパート**＝1966年ごろ、北大通３丁目左側。真砂町倶楽部所蔵

戦前から３丁目で市民の食卓を支えてきた平和市場は1964年、協同組合を立ち上げ、「くしろデパート」に生まれ変わった。建物は鉄筋コンクリート地下１階地上５階建て。平和市場の16店に新たなテナントが加わり、金安薬局に金安時計店、石黒商店（後のホーマック）、菓子の宮地、靴の秋田河、模型の三宅など42店が出店。５階の大食堂には７色の水が噴き出す噴水が備えられ、参加店の意気込みを感じさせるテナントビルだった。屋上には観覧車を備えた遊園地もオープンした。

山下書店＝1960年、北大通３丁目東側。真砂町倶楽部所蔵
露店から出発し、市民に文化の香りを届けた山下書店。

国松ふとん店＝1960年、北大通２丁目西側。真砂町倶楽部所蔵
当時の北大通２丁目は、錦町魚市場に近く、市場街といった雰囲気で、表通りは商店街、裏通りには漁具店や氷屋、飲食店、旅館、銭湯などが並び活気にあふれていた。国松ふとん店は1929年（昭和４年）創業。

錦町市場＝1960年代前半、錦町。真砂町倶楽部所蔵
幣舞橋たもとの釧路川右岸にあった魚揚場・卸売市場は通称「錦町市場」と呼ばれた。前身は1907年（明治40年）開設の「水印魚菜市場」。1949年に建設された第一魚揚場と、その後建設された第２、第３魚揚場の３棟が並び、ミツウロコ釧路魚卸売市場、釧路市漁協、市の管理事務所などが入っていた。周囲には日本冷蔵釧路工場、錦町２丁目には魚問屋の大丸渋谷商店、カネサ近藤、岩瀬製氷、本間商店、大川タバコ店、運送業者が軒を並べ、威勢のいい街だった。写真は、右に第一魚揚場、左に、ミツウロコ市場と釧路市漁協市場の看板を掲げた第３魚揚場。早朝の市場とは違った静かな光景だ。魚揚場は1964年に浜町に新築された副港へ機能を移転、跡地には魚市場とホテルを備えた水産ビルが建設された。さらに1989年にはフィッシャーマンズワーフＭＯＯ、ＥＧＧへと姿を変えた。

米澤薬局＝1950年代はじめ、北大通7丁目西側。真砂町倶楽部所蔵
「パス」の看板が掲げられているのが米澤薬局。1922年（大正11年）に北大通8丁目で開業し、1946年に7丁目に移転した。戦前は坪田裁縫店があった場所だった。米澤薬局の二代目、米澤豊市さんの当時のメモに「坪田裁縫店跡を買い求めて2年、隣は、餅店、菓子店であった」とある。
その「隣の餅店」は、喫茶カネサキとなった。甘いお汁粉が人気で、女性たちが列をなしていたという。

佐藤紙店＝1960年、北大通8丁目東側。真砂町倶楽部所蔵
1935年（昭和10年）開業の佐藤紙店。パイロット万年筆、コクヨの帳簿の大きな看板。店頭には、1956年に発売された台所用洗剤「ライポンF」を販売する台も見える。

浦田菓子舗＝1964年、北大通9丁目西側。真砂町倶楽部所蔵
名古屋城をモデルにした、山本屋浦田菓子舗。屋根にはしゃちほこも見える。創業は1907年（明治40年）。このお城のような店舗は1960年に建てられ、北大通の話題になった。しかし、市の都市改造計画に伴い、1972年、ビルへと建て替えられた。

石黒商店＝1960年、北大通8丁目西側。真砂町倶楽部所蔵
石黒商店は戦前から北大通に店舗を構えていた金物店。ホームセンターを全国展開する「ホーマック」（本社・札幌）の原点だ。1930年の（昭和5年）の地図では、石黒商店は北大通7丁目にあり、その後北大通5丁目、8丁目と店舗を移転した。1976年に釧路市中園町に石黒ホーマ1号店を出店。従来の金物店から「ホームセンター」へと業態を転換し、北海道を代表する企業へと成長していった。
写真の1960年当時、北大通には、3丁目に堀内金物店、村上金物店、4丁目には進藤金物店、5丁目には小松金物店、ヤスモトカナモノなど金物店が多数並んでいた。金物店は、戦後復興を担う生活用品を扱う、市民生活に欠かせない存在だった。

新海商店＝1960年、北大通12丁目西側。真砂町倶楽部所蔵
新海商店は荒物（竹や木でできた台所用品や家庭用品）と雑貨の小売・卸売の専門店。店頭に座敷用ほうき、竹かごなどが見える。

七冨久（しちふく）温泉＝昭和初期、北大通13丁目西側。真砂町倶楽部所蔵
1932年（昭和7年）発行の「釧路市大日本職業明細図」にはすでに七冨久温泉の名があり、写真は昭和初期と見られる。モダンな建物に温泉、洋食の食堂、撞球（ビリヤード）、調髪館の看板が掲げられ、現在のレジャーセンターのような施設だった。経営していた阿部藤三郎の孫、片桐麗子さんが所有していた写真で、北大通13丁目東側の「カメラの光画堂」（写真㊧）が修復した。施設はその後経営者が変わったが、「七冨久湯」の名で、1940年代まで銭湯として北大通の人たちの憩いの場だった。

金市舘＝1960年代、北大通13丁目東側。真砂町倶楽部所蔵
釧路駅前に1960年、札幌市から衣料品を中心とした大型店「金市舘」が進出。当時、釧路への外来店第一号と言われた。

模型工作のミヤケ＝1950年代半ばごろ、北大通13丁目西側。真砂町倶楽部所蔵
模型工作のミヤケは1952年、南大通５丁目で開業、翌年に北大通に移転した。入り口の「宇宙旅行の店」という文字が懐かしい人も多い。

高野食堂、清水理容所＝1960年、北大通12丁目。真砂町倶楽部所蔵
写真左の高野食堂（たかの食堂）はすしが自慢の食堂。右隣の清水理容所の創業者清水弥吉氏は、釧路の理容組合長も務めた。

釧路駅

北大通の現在地に釧路駅ができたのは1917年(大正6年)12月1日。釧路から厚岸方面へ鉄道が延伸したのに伴って移転・新築した。これにより幣舞橋―北大通―釧路駅が一直線につながり、中心街が北へと広がった。根室本線の延伸に伴い、釧路は道東地域の拠点駅として栄えた。阿寒町の雄別炭山駅とを結ぶ雄別鉄道も乗り入れていた。

最初の釧路駅(釧路停車場とも呼ばれた)は1901年(明治34年)、北海道官設鉄道の釧路―白糠間開通によって、現在の黒金町に開業した。石川啄木が1908年(明治41年)1月に降り立ったのも初代の釧路駅だ。当時は釧路本線の終着駅。「さいはての駅」だった。初代の駅は、釧路駅が現在地に移転後、貨物駅の「浜釧路駅」となり、その後、幸町に移転、JR貨物に移管された後、1989年に廃止された。

1917年築の釧路駅の木造駅舎は改築を重ねて戦後も使用され、1961年に現在の駅ビルに生まれ変わった。1987年に国鉄分割民営化でJR北海道の駅となった。

道東の表玄関完成＝1961年12月、北海道新聞社

12月10日朝刊掲載。記事は「道東の表玄関にふさわしい近代建築美」の釧路駅が完成し、「旧駅舎が取り払われて一段とスペースの広くなった駅前広場は(12月)3日から使用されている」と伝えた。

駅舎の建設を国鉄と地元が共同で行い、駅舎内に商業施設を設ける「民衆駅」という仕組みで建てられ、「釧路ステーションデパート」が開業した(2004年閉店)。ただ、「釧路民衆駅」という言葉は新聞でも使われているが、市民にはほとんど使われなかった。

金帝館

初代の釧路駅に入構する機関車＝明治末期ごろ、北海道大学附属図書館所蔵

初代釧路駅＝明治後期の写真を使った絵はがき、釧路市教育委員会生涯学習課所蔵

現在地に移転後の釧路駅＝釧路國名所絵葉書刊行会が1929年（昭和４年）に発行した絵はがき、
釧路市教育委員会生涯学習課所蔵

昭和天皇来釧（当時は皇太子・摂政）＝1922年（大正11年）、北海道新聞社所蔵（複製）

1956年ごろの釧路駅舎＝片岡脩輔さん撮影、北海道新聞社複写・所蔵
釧路観光連盟の片岡脩輔事務局長（当時）がＪＲ釧路駅に寄贈した写真。寄贈時に北海道新聞社が複写した。屋根などの構造は大正時代から同じだ。

ステーションデパート開業＝1961年９月、北海道新聞社
ビルに建て替えられた釧路駅地下１階のステーションデパートは1961年９月８日開業。
写真は９月17日朝刊掲載。2004年５月30日に閉店した。

通り抜け地下道＝1963年1月、北海道新聞社
北大通側と共栄大通・鉄北側を結ぶ地下道の開通は1962年12月25日。「民衆駅」の釧路駅は開業後も工事が続き、駅東側は1962年8月に着工。地下道が開通した。写真は開通間もないころの地下道を利用する市民。

釧路駅構内のホーム増設・地下道建設工事＝1968年、酒井豊隆さん撮影、釧路市立博物館所蔵
1968年10月1日の国鉄ダイヤ改正に合わせ、釧路駅ではホームが増設され、地下道もつくられた。写真右は雄別鉄道のホーム。工事完了後は、このホームへも地下道経由となった。

釧路駅＝1979年、北海道新聞社

壁泉公園＝1973年５月７日、北海道新聞社

1972年、北大通都市改造事業の完了記念として設けられた。釧路駅前の小さな公園だ。

新装・釧路駅オープン＝１９８６年12月24日、北海道新聞社
翌年の国鉄の分割・民営化を前に、国鉄釧路駅が改装された。グルメゾーンを備えた駅という意味で「ステーションダイナー９４６」と名付けられた。新装オープンのセレモニーは、クシロにちなんで午前９時46分から行われた。

長崎屋とISM＝1991年７月、北海道新聞社
長崎屋釧路店は1976年開店。 釧路市内で初めて大規模小売店舗法適用となる大型スーパーだった。和商市場と共に駅前西地区の商業の核だったが、長崎屋本体の経営破綻で2002年に閉店した。建物は2003年、食料品売場を核とした大型商業施設ビル「アベニュー946」に生まれ変わったが2016年８月に閉店した。
ISM（イズム）は、1972年12月にオープンした複合商業施設「総合レジャー・ショッピング・パルコ」が前身。ボウリング場、映画館、ホテル、ゲームセンターなどのテナントが入り、若者を中心ににぎわった。1990年３月に ISMに改称した。経営法人の破産で2006年、姿を消した。

和商市場

釧路市民の台所「和商市場」。建物が時代の移り変わりとともに姿を新たにし国内外からの観光客でにぎわう観光スポットとなっても、和商誕生の歴史を知る釧路市民は今も「台所」と呼ぶ。戦後まもなく魚箱を積んだリヤカー部隊が額に汗し、粉雪の舞う街角で体を震わせるわが子を毛布にくるんで働き抜く人たちが「いつかきっと小さいながらもお店を持ちたい」と願い、ようやく1954年、「和して商う」という意味を込めた「和商駅前協同組合」を作った。後に「釧路和商協同組合」に改称。1960年には念願の店舗も完成した。一貫した対面販売が和商の〝文化〟。一台のリヤカーから汗と根性で今日を築き上げてきた人の思いが生き続ける市場だ。

和商市場＝1960年ころ、和商協同組合所蔵
組合員念願の共同の店舗は1960年完成した。

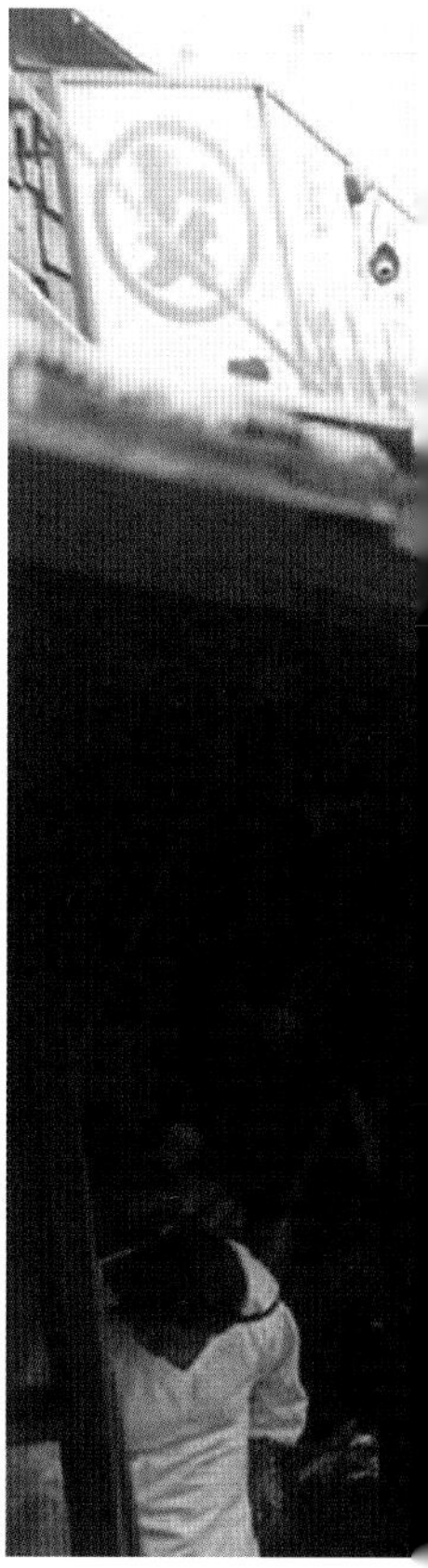

協同組合ができる前の和商市場＝1950年～1954年ころ、和商協同組合所蔵

和商市場＝1978年、和商協同組合所蔵
1978年に完成した現在の店舗。改装を重ねて令和に至っている。

和商駅前市場の看板＝1956年ころ、和商協同組合所蔵

末広町・栄町

末広町は戦前から1丁目から5丁目まで「割烹（かっぽう）ライオン」などカフェや料亭、劇場が軒を並べていた。本格的な繁華街になったのは戦後だ。1945年（昭和20年）7月の釧路空襲で焼け野原となった後、数年間でキャバレー、クラブ、映画館が並ぶ華やかで活力ある街になった。3丁目に釧劇、オデオン座。「いなり小路」を越えた4丁目には第二東映、東宝、セントラル。さらに近くに映劇、スバル座——と映画館が集まり、その周囲の末広町2丁目から5丁目には、パチンコなどの遊技場、喫茶店「笛園」、レストランなどが、小さな小路までびっしりと並び、街全体がまるでアミューズメントセンターだった。映画館は連日、観客であふれ、映画の後は「銀水」や「ばってん」などでラーメンを食べるのを楽しみにした家族連れも多かった。

夜の顔は道東随一の歓楽街。釧路が全国から漁船が集まる漁業基地になった1950～70年代には、懐の豊かな漁師や漁船員が胴巻きに札束を入れ、末広町の「ニュー東宝」「上海」「処女林」といったキャバレー、クラブへ繰り出した。「炉ばた」と総称される形式の居酒屋もこの街から全道に広がった。

軽食喫茶「笛園」＝1963年、末広町3丁目。真砂町倶楽部所蔵

開店間もないころの軽食喫茶「笛園」。斬新なデザインの店舗、店内から中庭の噴水を眺められるゴージャスな雰囲気。サンドイッチやチョコレートパフェなど当時の釧路では目新しいメニューが並び、女性たちの人気を集めた。それまで男性客が中心だった繁華街に、女性や子どもを呼び込んだきっかけの店でもあった。その後、飲食店ビル「笛園ビル」へと姿を変えた。

末広町の盛り場の中心部＝昭和20年代、真砂町倶楽部所蔵

写真右が4丁目、「すみ友」の看板が見える。写真左は5丁目。カフェータイガー、八千代寿司、クラブ上海、ニュー東宝とならぶ。

カフェー・ライオン＝1930年代後半(昭和10年代前半)、末広町５丁目。真砂町倶楽部所蔵

　戦後、丸三鶴屋新館が営業していた場所にカフェー・ライオンがあった。モダンな外観で、戦前の釧路の食文化を牽引した食堂だったが、釧路空襲で焼失した。現在の材木町にあった娯楽施設「光風園」の食堂で洋食を担当していた日野泰治さんが1920年(大正９年)、西幣舞に「文化食堂」と銘打って開業。店の屋上に、大きなサッポロビールの看板を掲げた。また、当時、末広町２丁目にあった釧路最大のカフェ「街の酒場」の屋上にはキリンビールの大きな広告看板が掲げられ、末広ではビールの宣伝合戦も繰り広げられていたようだ。

トキワグリル＝1960年代初め、末広町５丁目。真砂町倶楽部所蔵
現在のオリエンタルプラザの場所にあったレストラン「トキワグリル」。「ＴＯＫＩＷＡ ＧＲＩＬＬ」と英語の看板を掲げ、当時の釧路では唯一、本格的な洋食が食べられるレストランで、子どもから大人まで、市民のあこがれの店だった。戦前に、浦見町の料亭「八ツ浪」の近くにあった割烹「老松」の洋食部門として開業。何度か場所を替え、1952年に末広町５丁目に移転した。この後も栄町、新富町へ移転した。

釧劇前を行く厳島神社まつりの行列＝1950年代、真砂町倶楽部所蔵

1960年代の栄町3丁目＝真砂町倶楽部所蔵
栄寿司は有名店のひとつ。

㊦末広町のネオン街＝1976年9月19日掲載、北海道新聞社

ジス・イズ＝栄町、藤田民子さん提供
釧路の文化拠点だったジャズ喫茶だ。小林東さんが、妻で詩人の藤田民子さんと一緒に1969年に開店。サックス奏者の渡辺貞夫さん、ピアニストの山下洋輔さん、函館市出身の舞踏家大野一雄さんら第一線のアーティストが店内で公演し全国に名が知られる一方、地域文化の後方支援にも尽力し続けた。トイレの壁には時代の空気を映す落書きがびっしり。豊かなコーヒーの香りとジャズが包む店内で、芸術、政治、社会さまざまな会話が飛び交う空間だった。2012年９月、小林さんが仕事中に倒れ、翌2013年１月に閉店。店舗を継承した喫茶店「ジス・イズＥＳＴ」も2015年に閉店した。

いなり小路＝㊦1960年ごろ、㊧1970年代、末広町３丁目と4丁目の間。真砂町倶楽部所蔵
末広の歓楽街の一角、長さ50メートルほどの通りに間口の狭い飲食店や雑貨店などが軒を連ねた「いなり小路」。赤ちょうちんをぶら下げた小さな焼き鳥屋、ラーメン店、スナックなどがひしめき合い、昔ながらの雑多な雰囲気が魅力だった。大正時代から歓楽街として栄え、1945年（昭和20年）７月の釧路空襲で焼けたが、戦後すぐに青空市場として復興、最盛期の1950年代には映画館や芝居小屋を訪れる人たちで昼も夜もあふれかえったという。2001～2002年の市中心部活性化事業で「末広三丁目立体駐車場ビル」が造られ、横丁は姿を消した。

映画館・劇場

かつて釧路は多くの映画館が立ち並ぶ道東随一の映画のマチだった。釧路市内で映画館が最も多かったのは1960年ごろ。北大通をはじめ南大通、釧路駅裏、太平洋炭礦や十條製紙（現日本製紙）の娯楽場も含めると、17館が営業していた。とりわけ北大通は戦後復興とともに道内有数の繁華街となり、映画館も急増。末広町界隈は釧路東宝、釧路劇場、日活オデオン座、釧路セントラル劇場など9館が隣り合うようにして営業。スターを描いた大きな看板が華やかさを競っていた。

しかし、60年代後半からテレビの普及で観客数は減少。中心街の映画館は姿を消していき、2001年に釧路スガイが閉館して釧路市内から映画館が消えた。釧路町に2000年にオープンした「ワーナー・マイカル・シネマズ釧路（現・イオンシネマ釧路）」が唯一の映画館となった。

釧路東映劇場（末広町８丁目）

東映グランド劇場（南大通）

東映パール劇場（若松町）

グランドシネマ劇場（南大通）

第二東映劇場（末広町４丁目）

釧路劇場（末広町３丁目）

セントラル劇場（末広町４丁目）

釧路南映劇場（南大通）

釧路東宝（末広町４丁目）＝1960年初め

釧路東宝の前身は1946年に丸三鶴屋２階にオープンした「ツルヤシネマ」。北大通で最初の映画館だった。末広町のキャバレー「ニュー東宝」と同じオーナーが経営し、キャバレーに大きなステージがない時代には、映画館の舞台で歌謡ショーも行っていたという。

日活劇場（末広町３丁目）

オデオン座劇場（末広町３丁目）

オリオン劇場（末広町３丁目）

日本劇場（若松町）

スバル座（末広町４丁目）

100〜103ページの写真はいずれも真砂町倶楽部所蔵

キャバレーニュー東宝（末広町５丁目）

キャバレー銀の目（末広町２丁目）

キャバレーチャイナタウン（末広町２丁目）

キャバレーアカネ（末広町４丁目）

真砂町・南大通

明治・大正・昭和初期にかけての釧路のメインストリートは釧路川の左岸だった。釧路はもともと釧路川の左岸が街の発祥。釧路集治監の設置や安田硫黄精錬所の操業に伴い1887年（明治20年）ごろから熊牛村（現・標茶町）が活況を呈するようになるにつれ、釧路は「コンブ漁村」から港町へと発展しはじめた。釧路川左岸は、釧路港の修築工事が行われ、埋め立てにより新しい土地ができ、街が形成された。商店街も市役所も警察署も新聞社も釧路川左岸にあった。釧路駅が現在地に移転するまで釧路の中心だった。中でも明治末期にメインストリートとして栄えたのが真砂町だ。現在の南大通3丁目から8丁目の間が真砂町にあたる。南大通1、2丁目は幣舞町通と呼ばれていた。

支庁坂＝大正期の絵はがき、函館市中央図書館所蔵
三代目幣舞橋（1915年＝大正4年～1924年＝大正13年）が見える。坂の上にある大きな建物は、1911年（明治44年）落成の釧路公会堂。この場所は以前、釧路國支庁があったことから、坂は「支庁坂」と呼ばれた。写真左手の真砂町界隈（現在の南大通）が当事の商業の中心地。写真右の坂の上は官庁街。下町と官庁街を結ぶ道路が支庁坂だった。かつては、馬車や車両が通る道路は、幣舞橋左岸のたもと（現在のロータリー）から真っ直ぐ幣舞町へ上がるルートがなかった。釧路駅から市役所に至るには、幣舞橋を渡って海側へ曲がり、真砂町を経て支庁坂を上るルートだった。

1915年(大正４年) ごろの真砂町＝函館市中央図書館所蔵

富士屋旅館

メインストリート真砂町＝大正～昭和初期、㊨函館市中央図書館所蔵の絵はがき、㊨㊦釧路市教育委員会生涯学習課所蔵の絵はがき「釧路市景勝第５集」

真砂町は、一流旅館、各種小売商店が軒を連ね、北海道拓殖銀行支店、十二銀行支店、廉売市場、映画館２館などが立ち並ぶ釧路のメインストリートだった。㊨の写真が真砂町通。「支庁坂下」とも呼ばれた中心部だ。道路右の大きな洋風の建物は富士屋旅館。その隣の日本建築は近江屋旅館。近江屋旅館の横に支庁坂があり、支庁坂を挟んだ向こう側に立つ三角屋根の大きな洋館は山下西洋洗濯店。現在のエンパイヤークリーニングの前身だ。その奥が川畑洋服店。道路の正面に見える四角い建物は大正堂書店。手前の高台の上にある大きな建物は釧路公会堂。その奥の高台には3階建ての釧路市役所（1923年＝大正12年落成）が見える。道路左の一番手前には川井眼鏡店。戦後は北大通に移転し、市民に長く愛された眼鏡店だった。その奥に履物店、理髪店、十二銀行支店と並ぶ。十二銀行は現在の北陸銀行の前身。この支店の建物は現在、南大通ギャラリーとなっている。

1937年（昭和12年）ごろの南大通＝真砂町倶楽部所蔵の絵はがき

1932年（昭和７年）の釧路市字地番改正で、真砂町の大部分は南大通になり、真砂町の名は地図から消えた。メインストリートを行き交う車両は、馬車から自動車へと変わり、タクシー会社の看板も見える。富士屋旅館は終戦直後、GHQ（連合国軍最高司令官総司令部）に接収され、将校・下士官の宿舎となった。

明治後期の釧路市街地＝1910年(明治43年)、「釧路港実業家銘鑑明細全図」(釧路商業新報社発行)
原図は、当事の釧路町全域を網羅した3000分の1の地図。このうち、幣舞橋付近の中心部を切り取って掲載した。地図には、釧路港の貿易統計や、釧路町の直近10年間の人口推移などの数字も掲載されている。それによれば、戸数・人口は明治32年(1899年) の947戸・9141人から、明治42年(1909年) には4493戸・2万1071人へと増えている。

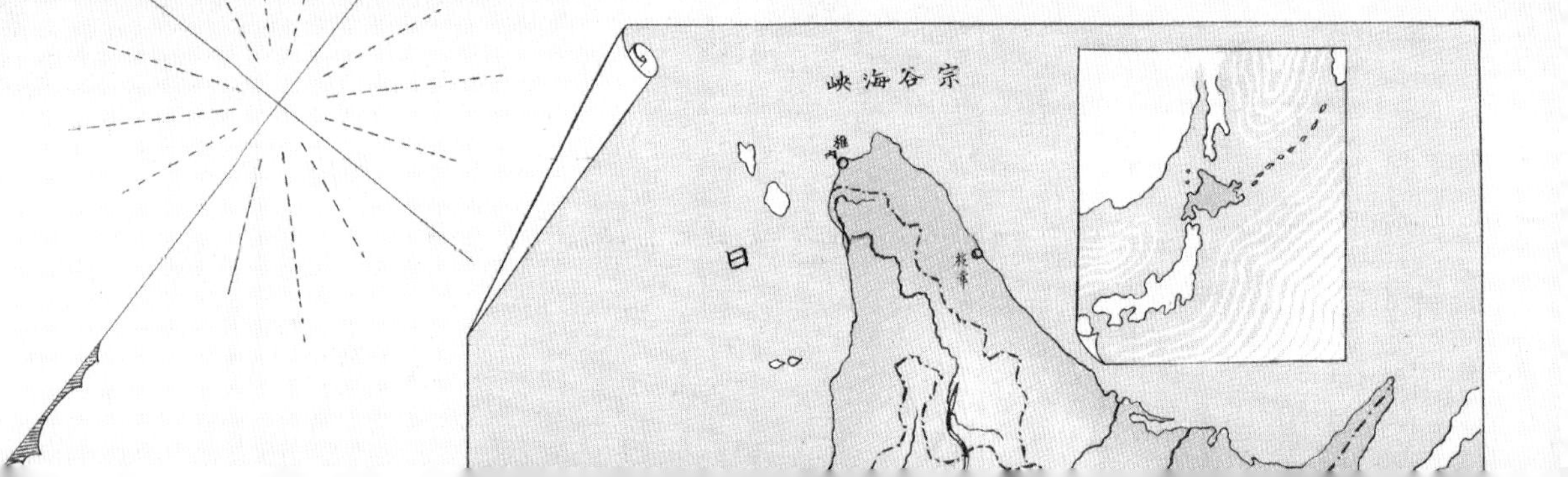

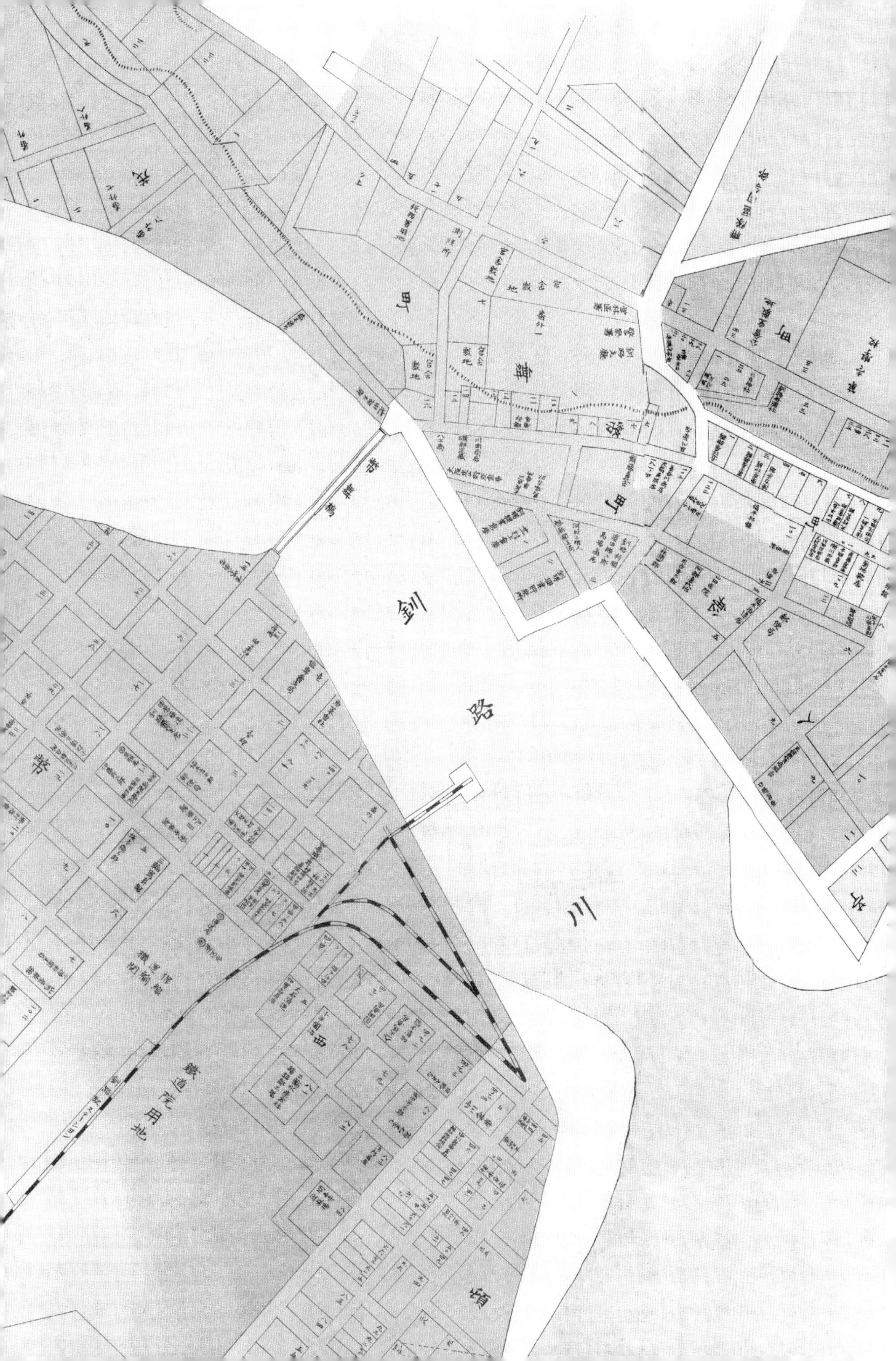
釧路川
幣舞橋

喜望楼

鶤寅

一流料亭＝『釧勝根北寫眞帖』（1914年＝大正３年、釧路活版所、佐藤正平）より、釧路市教育委員会生涯学習課所蔵
㊤「道東一の料亭」と呼ばれた**喜望楼**（現在の南大通８丁目）、㊧名水の井戸でも有名な**鶤寅（しゃもとら）**＝浦見町。いずれも石川啄木が通ったという料亭だ。啄木は釧路新聞記者として滞在した76日の間に、記録に残るだけでも喜望楼に９回、鶤寅に12回、鹿嶋屋に８回、梅本楼に１回の計30回「進撃」したという。

明治後期の真砂町を中心としたパノラマ写真＝1911年（明治44年）～1913年（大正２年）、
現在の浦見町の高台から撮影された写真　釧路市教育委員会生涯学習課所蔵（個人から寄贈）

丸三両角呉服＝昭和10年代、南大通5丁目　真砂町倶楽部所蔵
両角呉服店は1906年（明治39年）、真砂町58番地に創業、1911年（明治44年）に真砂町14番地（現在の南大通5丁目）に本店を移転した。老舗の風格のある土蔵造りの店舗に㊂の屋号の暖簾がかかる。小売り部門として、1930年（昭和5年）、百貨店「丸三鶴屋」を西幣舞（現在の北大通）に開業した。

丸三越後屋呉服店＝『北海道釧路國便覧』（1907年、國進社）より。釧路市教育委員会生涯学習課所蔵

佐々木米太郎商店＝1915年（大正4年）、洲崎町（現在の大町６丁目）　真砂町倶楽部所蔵

砂糖・酒・醤油・菓子等食料品を扱う卸問屋「佐々木米太郎商店」の正月の初出荷風景の絵はがき。商店の創業15周年記念で発行した。佐々木米太郎は、大正から昭和（戦前）にかけ政治・経済界で活躍した。土蔵は2004年、「洲崎町なつかし館『蔵』」に生まれ変わった。

栄屋菓子店＝1950年、南大通2丁目、真砂町倶楽部所蔵

後に「サカエヤ」の名で市民に愛された老舗菓子店。1927年（昭和2年）に末広町で創業、その後、北大通に移転、1936年（昭和11年）に南大通に支店を開いた。釧路空襲で北大通の店舗が焼失し、戦後は南大通が本店になった。名物せんべい「熊ざさ」、タンチョウの鳴き声から名づけた生菓子「原野のひと声」、地酒ケーキ「福司」など次々と独創的な商品を開発した。2002年、惜しまれながら閉店。銘菓の味はサカエヤで修業した職人たちの店に引き継がれた。

昔の面影を残す角大近江屋旅館＝1963年1月21日掲載、北海道新聞社

市役所と警察署＝1928年（昭和3年）ごろ、幣舞町　函館市中央図書館所蔵の絵はがき

㊤かつて市役所と警察署は幣舞町の高台に並んでいた。右が市役所、左が警察署。黒金町へ移転したのは市役所が1965年、警察署は1971年だ。

㊥釧路市役所庁舎。1900年（明治33年）、北海道1級町村制が施行され、釧路町が誕生したときの釧路町役場は洲崎町（現在の大町）に置かれた。1922年（大正11年）、市制施行で釧路市となり、翌1923年（大正12年）、幣舞町の高台に市役所が落成した。

㊦釧路警察署

釧路郵便局＝1928年（昭和3年）ごろ、洲崎町（現在の南大通） 函館市中央図書館所蔵の絵はがき
現在の釧路中央郵便局の前身。1874年（明治7年）に米町に開局。1928年に洲崎町に移転した。幸町へ移転したのは1964年。1990年に釧路中央郵便局に改称した。

釧路國支庁＝1928年（昭和3年）ごろ 浦見町 函館市中央図書館所蔵の絵はがき
北海道庁釧路支庁を経て、現在の名称は釧路総合振興局。官公庁の庁舎のほとんどが幣舞橋の北西側に移転する中、支庁（振興局）は左岸にとどまっている。

釧路測候所＝1928年（昭和3年）ごろ、幣舞町 函館市中央図書館所蔵の絵はがき
釧路測候所は1889年（明治22年）8月、北海道庁所管の測候所として幣舞町に創設された。同年11月、釧路二等測候所として現在の標茶町に移転したが、1910年（明治43年）1月に再び幣舞町に戻った。それから90年、同じ場所で観測業務を行い、この間1957年には釧路地方気象台に昇格した。2000年10月、釧路市幸町10の釧路地方合同庁舎に移転。移転後、観測される気温が高くなっており、観測地点が高台から市街地へ移った影響も指摘されている。

米町

釧路の町名「発祥の地」である米町。江戸時代末期にクスリ場所の請負人となった四代目佐野孫右衛門の屋号「米《こめ》屋」から釧路郡大字米町の名が付いた。当初は「コメマチ」と呼ばれていた。厳島神社があり、寺院があり、釧路埼灯台があり、料亭があり、かつては遊郭があった。

米町遊郭は、１８７１年（明治4年）に厳島神社付近で開業した飲食料理店兼貸座敷が始まりとされている。売春防止法の制定を機に、米町遊郭は１９５８年、当時あった31軒が一斉に廃業した。

米町＝1957年12月、北海道新聞社

喜笑楼＝米町、『釧勝根北寫眞帖』（1914年＝大正３年、釧路活版所、佐藤正平）より、釧路市教育委員会生涯学習課所蔵

米町公園の啄木歌碑＝1978年８月、北海道新聞社

寺町であり、かつて歓楽街でもあった米町は、釧路の観光名所に変わっていった。

米町公園の展望台＝1967年６月、北海道新聞社
港を一望する米町公園に1960年、展望台がつくられた。

1990年に建てられた米町公園の展望台＝1990年10月、北海道新聞社
灯台をイメージした建物は注目をあつめた。

釧路埼灯台

太平洋を見晴るかす米町の高台。釧路埼灯台は1891年（明治24年）9月に点灯されて以来、船舶の安全航行を見守ってきた。深い霧が出ると霧笛が鳴り響いた。1933年（昭和8年）に釧路を訪れた俳人高浜虚子は「燈台は低く霧笛は峙《そばだ》てり」と詠んだ。時代は変わり、船舶レーダーやGPSの普及で、最盛期に20人が常勤した釧路埼灯台も無人化された。霧笛も2001年3月19日、廃止となった。現在の灯台は三代目。ビル形式の灯台だ。初代は木造で灯油を燃やす回転型の灯器が設置されていた。1952年に二代目に、2001年に現在の三代目に建て替えられた。

㊤**霧笛と灯台**＝1928年（昭和3年）ごろの絵はがき、函館市中央図書館所蔵
釧路の霧信号は1924年（大正13年）、釧路港南防波堤灯台に付設された霧鐘に始まり、1925年（大正14年）、釧路埼灯台に初の霧信号所が設置された。笛と同じ原理で音を出すエアサイレンは「霧笛」と呼ばれ、灯台守が45秒間隔で5秒音を出し、視界不良で灯台の光を認識できない船に位置を知らせた。
1954年、電磁板を振動させる全国初のダイヤフラムホーンを導入。エアサイレンのパイプは姿を消したが、「霧笛」の呼び名は残った。1967年には南副防波堤霧信号所（その後南外防波堤西に移設）を設置、2カ所から霧笛が響くようになった。1974年には釧路埼の霧信号所を廃止し、知人礁霧信号所を設置した。その後、レーダーやGPSなどの普及で霧笛は役割を終え、知人礁の霧信号所は1997年に、南外防波堤西霧信号所は2001年にそれぞれ廃止された。

2001年に改修された釧路埼灯台
＝2001年5月、北海道新聞社

釧路埼灯台前での名士の集合写真＝1924年（大正13年）7月7日撮影、
佐々木米太郎家資料　釧路市教育委員会生涯学習課所蔵

茂尻矢

現在の大川町、住吉、城山、材木町は1932年（昭和7年）釧路市字地番改正で現在の町名になるまで、茂尻矢《もしりや》という地名だった。「モシリヤ」とはアイヌ語で「小さな中島のあるところ」「中島の対岸の丘」を意味する。城山にある国指定史跡「モシリヤチャシ跡」（「サルシナイチャシコツ」とも呼ばれる）は1751年（寛延4年、宝暦元年）に築かれたとされるアイヌの砦だ。古くから居住に適した土地であったことが分かる。

かつては対岸に阿寒川が注いでいたこともあり、水運拠点として木材の貯木場、倉庫などが川岸に造られた。木材関連の産業も発展し、職人の街でもあった。1919年（大正8年）、庁立釧路高等女学校（釧路江南高校の前身）が開校し、女学生が行きかう街ともなった。

モシリヤチャシコツから見た茂尻矢の街並み＝大正期の絵はがき、真砂町倶楽部所蔵

㊤釧路川下流方向。遠くに幣舞橋が見える。

㊦職人の住宅が並ぶ茂尻矢。対岸に丸太の山と木材工場が見える。

茂尻矢にあった草野製軸所＝1911年（明治44年）、『東宮殿下行啓記念（下）』より、北海道大学附属図書館所蔵
1903年（明治36年）創業のマッチ軸木の製造所。1912年（大正元年）に茅野製軸所となった。㊤の写真は『東宮殿下行啓誌（下）』に掲載され、職工など1日130人を使用している旨の説明がある。㊤は女工さんの手作業による乾燥製軸、㊨は機械工場。経営者の茅野満明氏は後に第5代の釧路市長となった。春採湖畔の桜の名所、茅野公園に名を残す。

臨港鉄道城山駅＝昭和10年代、真砂町倶楽部所蔵
城山ー東釧路間は1937年（昭和12年）開業。

庁立釧路高等女学校＝1937年（昭和12年）のアルバムより、真砂町倶楽部所蔵
1919年（大正８年）現在の城山に開校。釧路江南高校の前身。㊤は校舎、㊨はひなまつり。㊦の城山の市街から女学校へ至る坂は女学校通りとも呼ばれた。

㊤**釧路第五尋常高等小学校**＝真砂町倶楽部所蔵
後の城山小学校。大正期とみられる。

㊧**昭和30年代の城山市街**＝真砂町倶楽部所蔵

モシリヤ砦（チャシ）跡＝明治～大正期の絵はがき、函館市中央図書館所蔵

標高18メートルの丘陵を利用して作られた砦。その形から「御供え山」とも呼ばれ、この地域のランドマークとなっている。町名「城山」は、このチャシ跡に由来する。

宝暦年間（1751～1764年）に実在したトミカラアイノが築造し、その後１世紀にわたって機能していたとされ、築造者が判明している数少ないチャシの一つだ。モシリヤチャシの名は、史跡指定の際にこの地域のモシリヤという地名から付けられた。もともとアイヌの人々は「サルシナイ（サルウシナイ＝アシの生えている沢）チャシ」「ポロ（大きい＝春採湖畔にあったウライケチャシに比べて大きい）チャシ」と呼んでいたようだ。2015年３月、史跡名は「モシリヤチャシ跡」を含む「釧路川流域チャシ跡群」に統合されている。

ウライケチャシ＝大正初期、釧路市教育委員会生涯学習課所蔵

春採湖の西北岸、旧・柏木小学校（柏木町11）の場所にあったチャシ。モシリヤチャシと同じトミカラアイノが築造した。「ウライケ」は「戦争のあった」という意味。戦争があった伝説の聞き取り記録が残り、松浦武四郎も『東蝦夷日誌』に記録している。貴重な遺跡だったが、1954年に取り壊され、柏木小学校が建てられた。柏木小学校は2008年、日進小学校、東栄小学校と統合し、釧路小学校（浦見2丁目）となった。

春採

春採湖の周囲にはハルトリチャランケチャシ跡など数多くの遺跡が残されており、古くからアイヌ民族の集落が形成されていたことが分かる。明治期になると、釧路川河口のアイヌ民族が、春採の地に移されたと伝えられる。さらに、炭鉱が開発され、地域の様相は一変。石炭産業の中心地となり、戦後は宅地化も進んでいった。

春採湖は周囲4・7キロ、面積36ヘクタールの海跡湖で、春採川を通じて太平洋とつながっている淡水と海水が混じる汽水湖だ。ヒブナの生息地として1937年（昭和12年）に国の天然記念物に指定され、市民の憩いの場となってきた。冬にスケートリンクが作られた時期もあった。

一方で、1950年代半ばまで炭鉱の「沈殿池」としてズリで埋め立てられてきたため、現在の面積は明治期の52％程度しかない。水深も1937年（昭和13年）に最深部9メートル地点があったが、現在は最深部5・2メートル。小さく、浅くなる湖に対し、周囲の都市化・宅地化により、流入する都市・生活排水は急増。水質が汚濁し、1985年から1990年代初頭にかけて、日本の湖沼の水質ワースト5に連続で入る不名誉な事態を招いた。

その後、釧路市、市民も危機意識を持って周囲の環境を改善、美しい環境を取り戻しつつある。

春採湖＝1916年（大正５年）ごろの絵はがき。函館市中央図書館所蔵

竹老園東家総本店＝1950年ごろ、柏木町3　『市制三十周年寫眞帖』（釧路市）より

丸三鶴屋で買い物をして竹老園で昼食——。それが贅沢な一日だった。釧路を中心に道内各地に広がるそば店の屋号「東家」。ルーツは、明治初期に福井県出身の伊藤文平が小樽に開いた店にさかのぼる。息子竹次郎氏が釧路に移り、1912年（明治45年）、真砂町界隈に東家本店を開いた。竹老園は1927年（昭和2年）、春採湖畔に近いこの地で、竹次郎氏が隠居暮らしをするために建てられたといわれる。しかし、東家本店は終戦直前の1945年（昭和20年）8月、空襲の被害拡大を防ぐ目的で軍に強制的に取り壊される。竹老園は「本店」の流れをくむ東家総本店として、老舗の味を伝える。

春採茅野公園のお花見＝1929年（昭和4年）～1934年（昭和9年）ごろ、彩色絵はがき、函館市中央図書館所蔵

戦前から桜の名所だった茅野公園（桜ケ岡2丁目）。昭和20年代まで毎年のように「さくら祭り」が行われていた。

Ⅳ　ヤマのまち

炭鉱街のこいのぼり＝1961年、
釧路市教育委員会生涯学習課所蔵
※太平洋炭礦関係の写真は、太平洋
炭礦閉山後、OB会「太平洋炭砿管
理職釧路倶楽部」の尽力で収集と整

太平洋炭礦

太平洋炭礦が創業したのは1920年（大正9年）。漁業、製紙業と並ぶ基幹産業の柱として釧路を支えてきた。石炭の需要が伸びると同時に、従業員の数は増え、炭鉱の街が大きく広がり、活気にあふれた。「ヤマ」とも呼ばれる炭鉱街は、共同体・互助組織としての力が強く、人々の集う拠点がさまざまな形で生まれ、文化の発信地ともなった。日本のエネルギー政策の転換で、1970年代以降、国内の大手炭鉱が次々と閉山していく中、安全操業と高い技術力を誇った太平洋炭礦だけが生き残ったが、ついに2002年に閉山。石炭生産技術は、地元企業出資の新会社「釧路コールマイン株式会社」に引き継がれた。

太平洋を望む興津坑の坑口＝1950年３月、北海道新聞社

太平洋炭礦釧路鉱業所と炭鉱街＝昭和30年代（1955〜65年）、太平洋炭礦撮影、釧路市教育委員会生涯学習課所蔵
手前下に見える鉄路は、釧路臨港鉄道。線路の左側、道路がＹ字になっている場所に見える屋根が春採駅。写真中央やや下寄りの２階建て鉄筋コンクリートの建物が太平洋炭礦釧路鉱業所。丘の上に立つ４階建て鉄筋コンクリートの建物は炭礦病院。

戸建て住宅街に変わった街並み＝1985年ごろ、釧路市教育委員会生涯学習課所蔵
太平洋炭礦は1962年、「社員持ち家制度」をスタート。長屋形式の炭鉱住宅が並んでいたヤマの街は大きく変わった。

ヤマの子どもたち＝釧路市教育委員会生涯学習課所蔵
㊤は1965年ごろの撮影、㊦も昭和30年代とみられる写真。

子どもたちの遊び＝いずれも1960年撮影、
釧路市教育委員会生涯学習課所蔵
㊤チャンバラごっこ
㊧けんぱ（石蹴り遊び）
㊦パッチ（メンコ）

大根干し＝1960年ごろ、片村一さん撮影、釧路市教育委員会生涯学習課所蔵
家族総出での大根干しは、冬を控えた秋の風物詩。晩秋の炭鉱住宅街の軒先は大根で白一色。

共同の外水道＝1960年ごろ、片村一さん撮影、釧路市教育委員会生涯学習課所蔵
鉱員住宅は当初、水道がなく、共同の外水道だった。

夏の風物詩＝1955年ごろ撮影、釧路市教育委員会生涯学習課所蔵
夏の炭鉱街に響く「金魚売り」の声。子どもたちが集まった。

生協東本町第一分配所の店頭＝1955年ごろ撮影、釧路市教育委員会生涯学習課所蔵

太平洋炭礦生協桜ヶ丘支店の開店＝1966年撮影、釧路市教育委員会生涯学習課所蔵

昭栄町（現在の武佐１丁目）にあった栄湯＝1957年撮影、釧路市教育委員会生涯学習課所蔵

太平洋スカイランド＝釧路市教育委員会生涯学習課所蔵
1969年、「青雲台」と呼ばれた高台に総合レジャー施設「太平洋スカイランド」がオープン。太平洋炭礦と太平洋炭鉱労働組合の共同出資による施設で、温水プール（㊤1970年撮影）、ボウリング場（㊦「スカイボウル」1973年撮影）、ホテル、スパ施設、レストランなどがあり、多くの市民でにぎわった。1991年に「ヒルトップ」に名称変更、2002年に閉園した。複数の施設のうち炭鉱資料館（現在の炭鉱展示館）だけは存続し、炭鉱の歴史を伝えている。

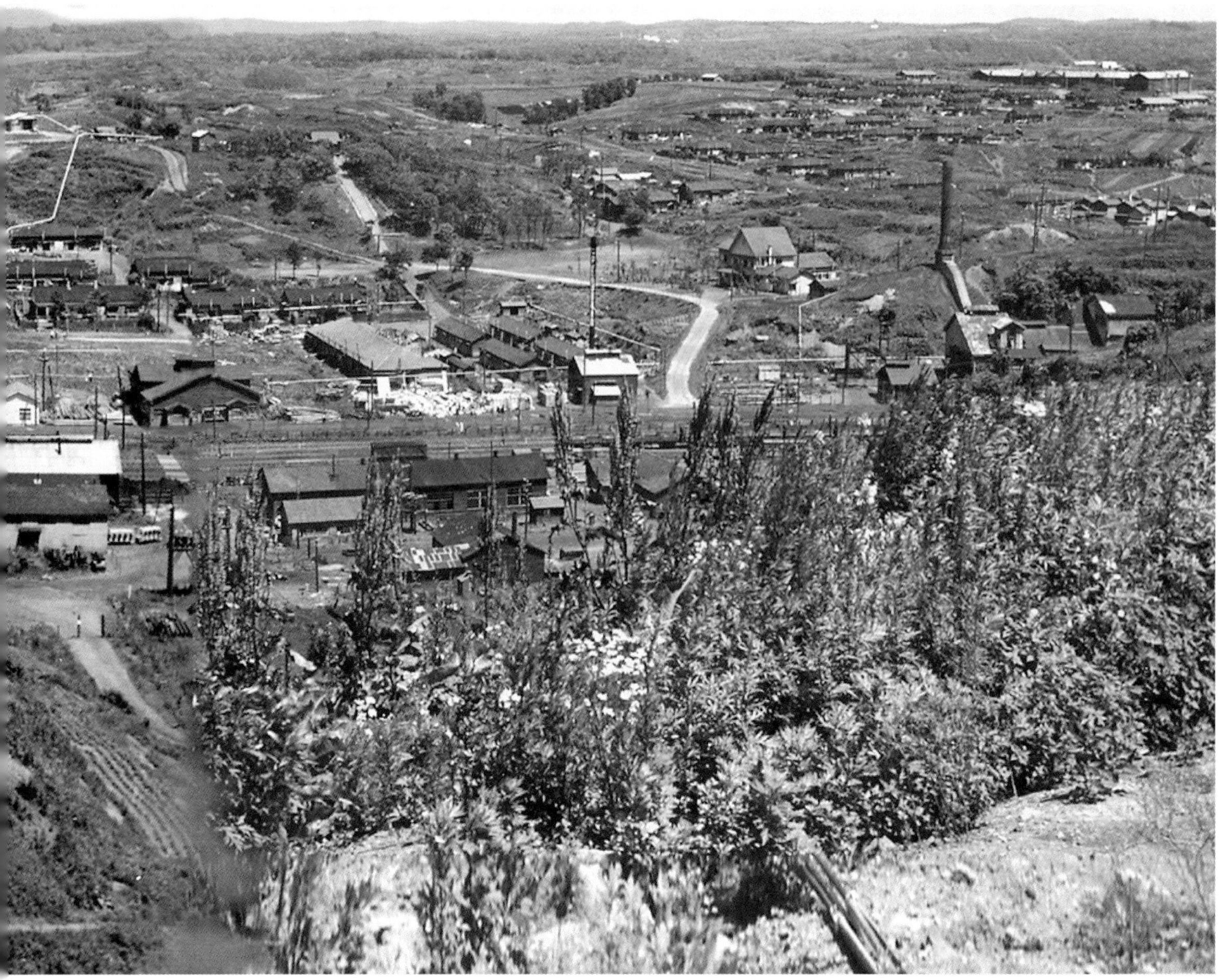

釧路臨港鉄道春採駅とその周辺＝1955年撮影、釧路市教育委員会生涯学習課所蔵
釧路鉱業所の新しい社屋が建つ前の写真。左端の方に見える駅舎とホームが春採駅。その左斜め上に春採会館が見える。駅前からまっすぐ延びる住宅街は汐見町。

映画館＝いずれも1960年ごろ撮影、釧路市教育委員会生涯学習課所蔵
㊧は1933年（昭和８年）開場の春採会館、㊨は1956年開場の桜丘会館。市内の映画館と契約を結び、1950年ごろは毎日、映画の上映があった。ともに1963年に閉館した。

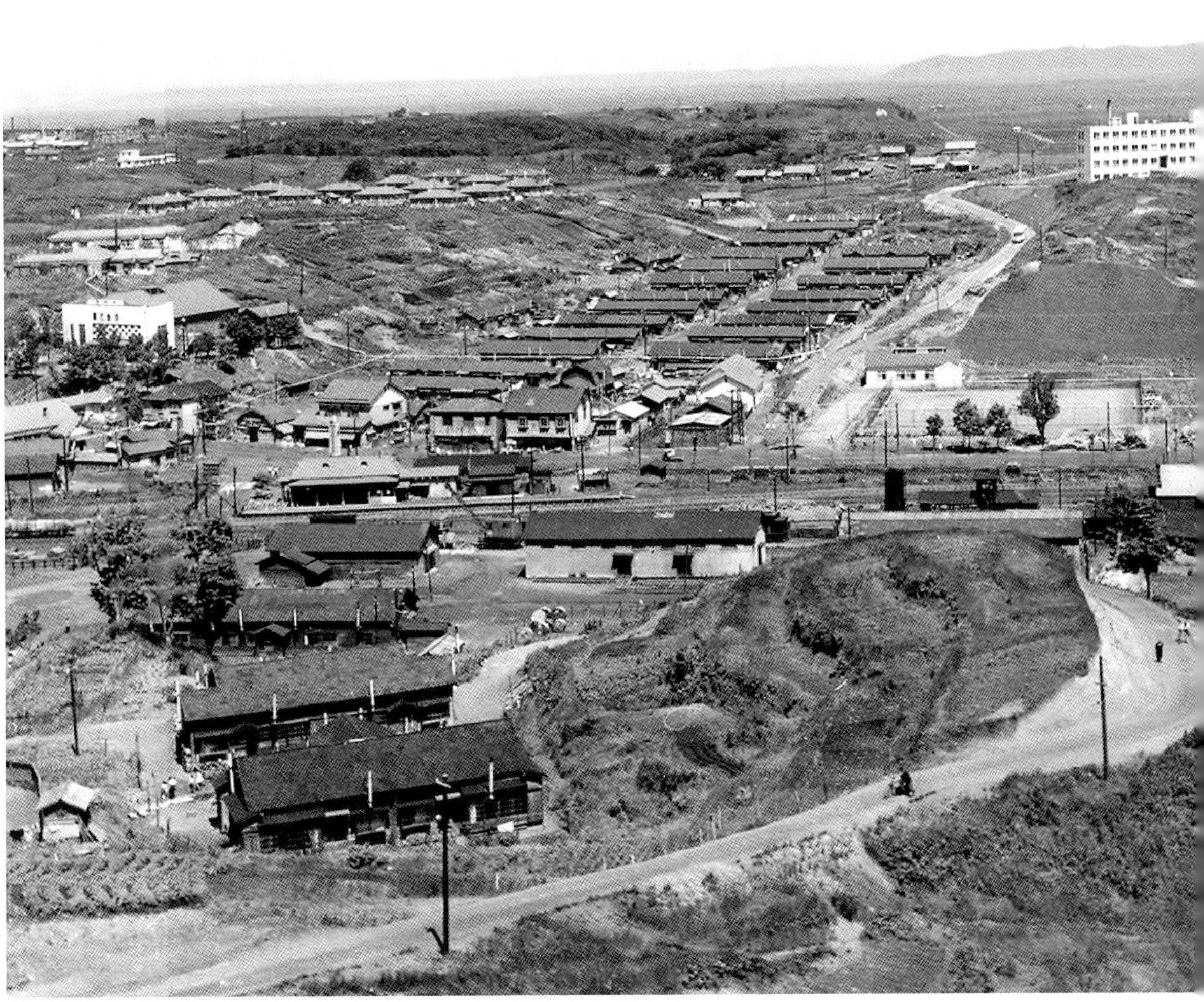

石炭は無料支給＝1965年11月、北海道新聞社
11月18日朝刊の「職場の特典」という特集記事で紹介された太平洋炭礦の石炭の無料支給。記事によれば、太平洋炭礦の社員住宅には無料、無制限で支給され、トン当たり100円の配達料が社員持ちだった。

臨港鉄道

2019年、廃止となった「臨鉄」。太平洋炭礦が貯炭場や選炭場、釧路港へと石炭を輸送するための鉄路だが、1963年までは旅客輸送も行い、通勤・通学をはじめ地域住民の足として長く利用された。市民には「石炭列車」の愛称で親しまれた。

最初の鉄路は1890年（明治23年）に春採湖岸の沼尻から釧路港頭まで敷設された馬車軌道だ。1920年（大正9年）に発足した太平洋炭礦が軌道を継承したが、輸送力の抜本的増強のため、1923年（大正12年）に「釧路臨港鉄道株式会社」を設立し鉄道敷設を本格化。1925年（大正14年）、春採の選炭場から知人《しれと》の貯炭場まで蒸気機関車牽《けん》引による輸送を開始した。少し遅れて根室本線と接続する東釧路駅（当時は別保信号所）までも開通。旅客営業も開始した。戦後、石炭輸送への傾注で1963年に旅客輸送は廃止。釧路臨港鉄道も1979年には太平洋石炭販売輸送に吸収合併された。2002年の太平洋炭礦閉山後は、釧路コールマインが利用したが、2019年に契約が終了した。

春採駅に停車中の臨港鉄道のディーゼル車両
＝1963年９月30日、春採駅、宮内明朗さん撮影

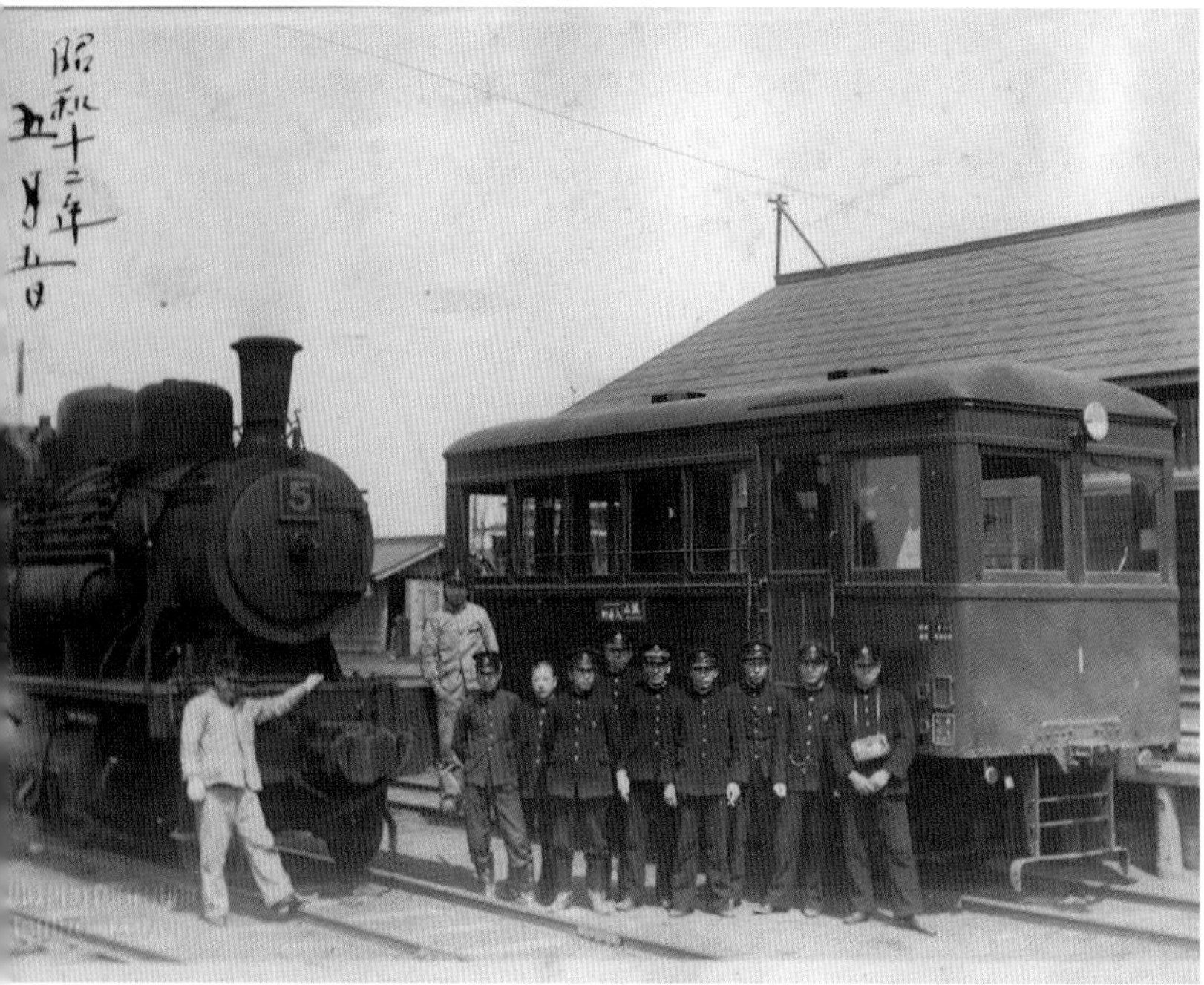

臨港駅＝1937年５月５日撮影、真砂町倶楽部所蔵

知人岬から南埠頭に走る臨港鉄道線＝1964年５月、北海道新聞社
５月18日朝刊に掲載。記事によれば、臨港鉄道は1925年（大正14年）の営業開始当初は旅客と石炭の混合列車が１日４往復だったが旅客はほとんどなく、石炭も春採鉱が年間11万6700トン（1926年）というわずかな量だった。その後、乗客数も石炭輸送も増え、乗客数は最盛期に年間60万人にのぼった。しかし、バス路線の拡大に加え、貨物輸送への注力もあり1963年には34万～35万人に減少、同年10月31日で旅客列車を廃止。貨物専用となり、記事掲載日時点で石炭列車８往復、それ以外に３往復が運行していた。

石炭列車94年の歴史に幕＝2019年４月６日、春採駅、北海道新聞社
石炭輸送専用の「太平洋石炭販売輸送臨港線」は2019年３月末で運行を終了。６月末に廃止となった。４月には地元はもちろん道内外の鉄道愛好家でつくる「釧路臨港鉄道の会」がさよならセレモニーを開催。最後の勇姿を見るために約200人が集まった。

学童海水浴場入口＝1960年代か、観月園一米町、釧路市教育委員会生涯学習課所蔵
臨港鉄道の踏切を渡る少年たち。弁天ヶ浜は昭和30年代、砂浜が広がり、海水浴場だった。

機関車内から望む弁天ヶ浜＝2013年３月30日、北海道新聞社
太平洋石炭販売輸送の機関車内から望む弁天ヶ浜。潮流の影響で砂浜は消えた（特別に許可を得て乗車・撮影）。

春採駅で出発を待つ乗客たち＝１９４９年ごろ、春採駅、釧路市教育委員会生涯学習課所蔵

結氷した春採湖畔を行く保安列車＝2019年３月９日、北海道新聞社（小型無人機ドローン使用）
保安列車は、釧路コールマインの出炭状況などで１週間以上運休が続く場合に、レール表面のさびを落とすために運行した。

春採を出発し東釧路へ向かう別保坑への通勤列車＝1950年代前半、春採―永住町、片村一さん撮影、釧路市教育委員会生涯学習課所蔵

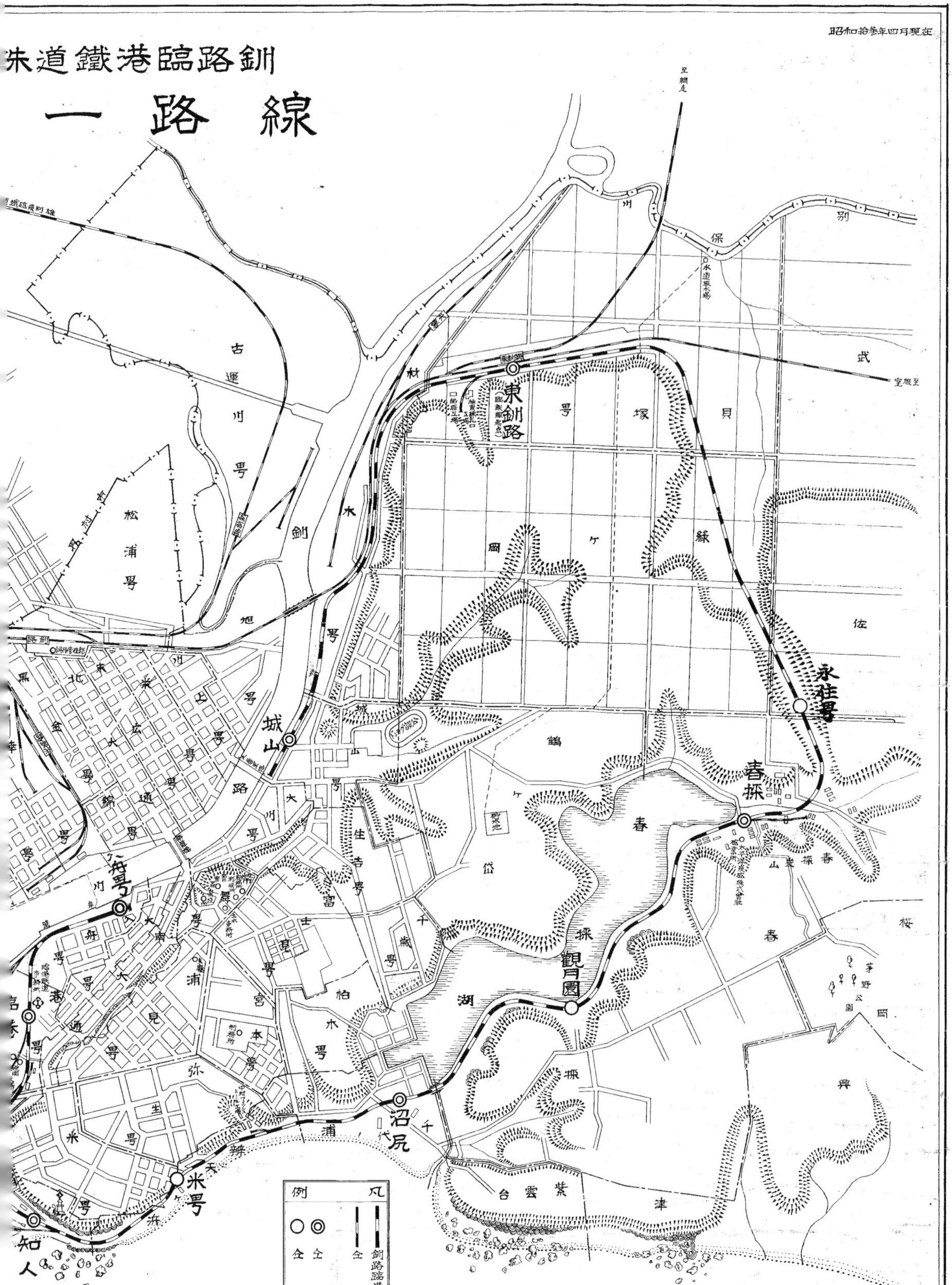

釧路臨港鐵道株
線路一
昭和拾参年四月現在
東釧路
城山
春採
觀月園
沼尻
米町
知人
永住町
入舟町
凡例
釧路臨港鉄道本線
側線
停車場
停留場
Scale. 1:12,000

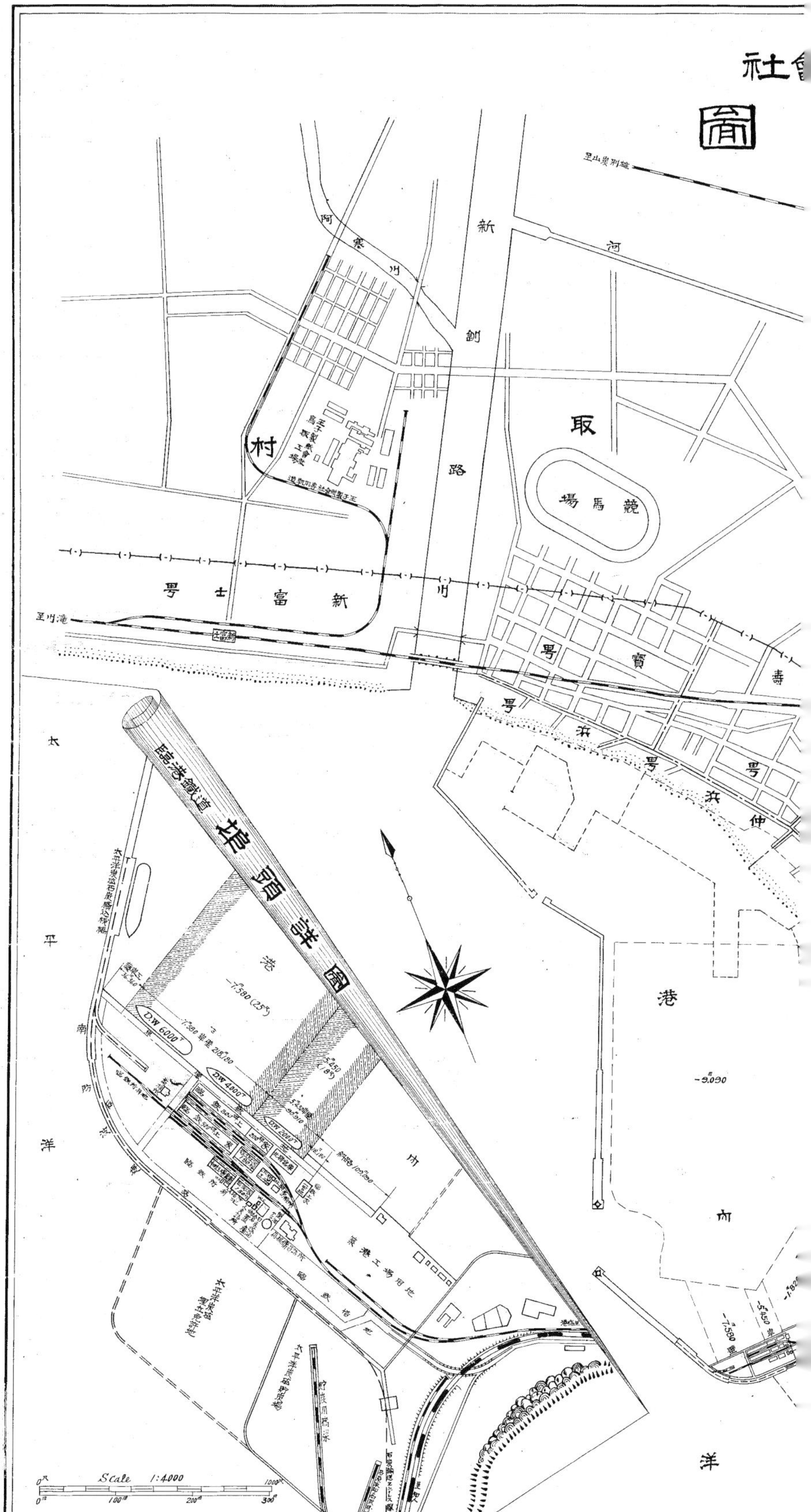

臨港鉄道路線図＝釧路市立博物館所蔵

永住町駅が開業した1953年4月から、緑ヶ岡駅（東釧路―永住町間）、材木町駅（東釧路―城山間）が開業した1961年5月以前の期間の路線図。1926年（大正15年）～1942年（昭和17年）には真砂町駅があった。別保信号場が東釧路駅となったのは1928年（昭和3年）。元となっている地図は1938年（昭和13年）4月現在の地図。1949年合併前の釧路と鳥取の市村境界線が分かる。新釧路川に注ぐ河川が阿寒川と記されているが、1920年（大正9年）の大洪水で阿寒川は流路が切り替わり、この河川は実際には仁々志別川となっている。

切符＝2014年２月25日、釧路市立博物館、北海道新聞社博物館と釧路臨港鉄道の会が主催した企画展「釧路炭田の炭鉱と鉄道」で展示された切符。

春採神社を出て急坂を行く神輿行列＝１９６５年ごろ撮影、釧路市教育委員会生涯学習課所蔵

山神祭

山神祭は春採神社の例大祭であり、炭鉱の安全と発展を祈願する大切な祭りだった。本祭は毎年7月15日。前日の宵宮祭からにぎわい、本祭は朝から終日かけて神輿が全山をくまなく巡った。境内では奉納相撲や弓道・剣道大会、芸能大会など多彩な行事が繰り広げられた。春採神社は、釧路で最初に本格的な炭鉱経営を行った安田炭鉱時代の1890年（明治23年）に建立。2002年1月の太平洋炭礦閉山に伴い、同年7月にご神体を愛媛県大三島の大山祇神社に返還し、112年の歴史を閉じた。

選炭工場付近を練り歩く神輿＝昭和20年代撮影、釧路市教育委員会生涯学習課所蔵

境内の石段を下りて出発する神輿＝1982年撮影、釧路市教育委員会生涯学習課所蔵

メーデー＝1952年撮影、釧路市教育委員会生涯学習課所蔵
北大通での行進。炭労、国労など強力な労働組合があった釧路は労働運動が盛んな地域で、メーデーも街中が活気にあふれた。

労働運動

デモ行進＝1961年撮影、釧路市教育委員会生涯学習課所蔵
㊤は青雲台の高台からふもとまでつらなるデモ行進。㊧は幣舞橋を渡るデモ行進。1961年に会社から提案された合理化では、労働組合はさまざまな抗議行動を展開した。

40
権利を守れ

釧路炭田

北海道の石炭に関する最も古い記録は天明元年（1781年）、松前広長により編纂された地誌『松前志』とされている。この中に「タキイシ　此物東部クスリヨリ出ツ　黒フシテナメラカナリ　モユルコト薪ノ如シ　大和本草ニ所載　石炭《モエイシ》ノルイナリ」とあり、すでに釧路地方で石炭が発見されていたことがわかる。安政元年（1854年）に日米和親条約が結ばれ、箱館が開港したとき、釧路のオソツナイ、白糠石炭岬の石炭を掘り出し海上輸送した記録もある。ただ、本格的な採掘は石狩炭田に比べ遅かった。

釧路炭田は埋蔵炭量約20億トンという日本第三の大炭田。釧路市を中心に炭層分布は3千平方キロにおよび、西端から浦幌、雄別、白糠、春採の各地区に分けられる。明治後期から、国による港の修築、製紙工場の進出、鉄道など、釧路が道東の拠点都市となる条件が整っていく背景には、石炭が産出されていたことも重要な要素だった。

■太平洋炭礦

太平洋炭礦は1920年（大正9年）、設立された。戦前は三井財閥系だったが、戦後の過度経済力集中排除法で三井鉱山から独立し、一社一山で営業を継続した。1954年8月、春採坑でガス爆発が発生。死者39人という大惨事となった。以来、太平洋炭礦は保安体制を一層強化し、採炭・掘進現場などにも最先端の技術を導入していった。1960年代には出炭量が急増、年間120万トンを超えた。従業員3500人を擁する釧路で最大の事業所に成長した。一方、国は、この時期に石炭から石油へと転換するエネルギー政策をスタートしており、釧路炭田も零細炭鉱から閉山整理されていった。太平洋炭礦は、国の石炭政策に翻弄されながらも機械化・合理化を徹底し、1977年には260万トン超の最高出炭量を記録。日本のエネルギーを支えた。しかし、国の石炭政策の終了とともに2002年、閉山した。

閉山に伴い、地元資本出資の新会社「釧路コールマイン」が設立され、規模を縮小して事業を引き継いだ。現在、国内唯一の坑内掘稼行炭鉱だ。

1946年（昭和21年）1月19日の北海道新聞に掲載された「採炭員大募集」の広告

■雄別炭礦

太平洋炭礦と並ぶ大手炭鉱が雄別炭礦だった。阿寒川の支流、舌辛川の上流にあり、炭鉱と炭鉱街は雄別鉄道によって釧路駅、釧路港と結ばれていた。

1919年（大正8年）、北海炭礦鉄道株式会社が設立され、採炭を開始。1923年（大正12年）には鉄道が開通、生産を本格化した。北海炭礦鉄道は1924年（大正13年）に三菱鉱業へ持ち株の大半を売却し、社名を雄別炭礦鉄道株式会社に変更。戦後の過度経済力集中排除法で三菱鉱業から分離独立した。釧路炭田の尺別炭鉱、浦幌炭鉱、上茶路炭鉱のほか、石狩炭田の茂尻炭鉱（現在の赤平市）を経営した。

音別町尺別地区にあった尺別炭鉱は1918年（大正7年）開坑。雄別炭礦鉄道が1928年（昭和3年）に買収した。これにより、炭鉱住宅や尋常小学校などが整備され、炭鉱街が形成された。石炭は山元から鉱山軌道で尺別岐線の尺別駅まで運搬していたが、1942年（昭和17年）には専用鉄道に拡充されて根室本線と直結、大型機関車の運行も始まった。

雄別炭礦鉄道は1935年（昭和10年）、茂尻炭鉱を買収したが、この茂尻鉱が重大事故を繰り返した。雄別炭礦（1959年に雄別炭礦鉄道から社名変更）は1969年に発生した事故への対応により資金繰りが急速に悪化。

全炭鉱を閉山して1970年に会社を解散した。雄別鉱業所があった雄別地区は1万5千人の住民がいたが、数年後にはほぼ無人と化した。音別町尺別地区でもほとんどの住民は移転。地域は大混乱に陥った。

雄別炭礦と炭鉱街＝1959年5月、北海道新聞社

V　鳥取地区

共栄稲荷神社例大祭奉納じゃんけん大会＝1990年、釧路鉄北まつり歩行者天国（共栄稲荷神社祖霊殿横）、共栄稲荷神社撮影・所蔵

鳥取村

旧・鳥取町と釧路市が合併したのは1949年。これを機に戦後の釧路は急速に発展していった。

現在は新釧路川の西側を主に「鳥取・昭和地区」と呼ぶことが多いが、旧・鳥取町のエリアはもっと広い。松浦町周辺を除く釧路駅の北側のほぼ全てから愛国、柳町、共栄、新橋、鳥取地区を経て北斗、桜田に至るエリアが旧・鳥取町だった。ただ、根室本線が通る海岸線だけは釧路市だった。

もともとは1884年（明治17年）と85年（明治18年）、鳥取県から移住した士族によって作られた村だ。このとき、移住してきた513人に与えられた地区は、先住のアイヌ民族の人たちも明治初頭の開拓民も住まなかった土地だった。苦難の歴史が続いた。新釧路川などの大治水事業と製紙会社の進出が大きく街を変えた。

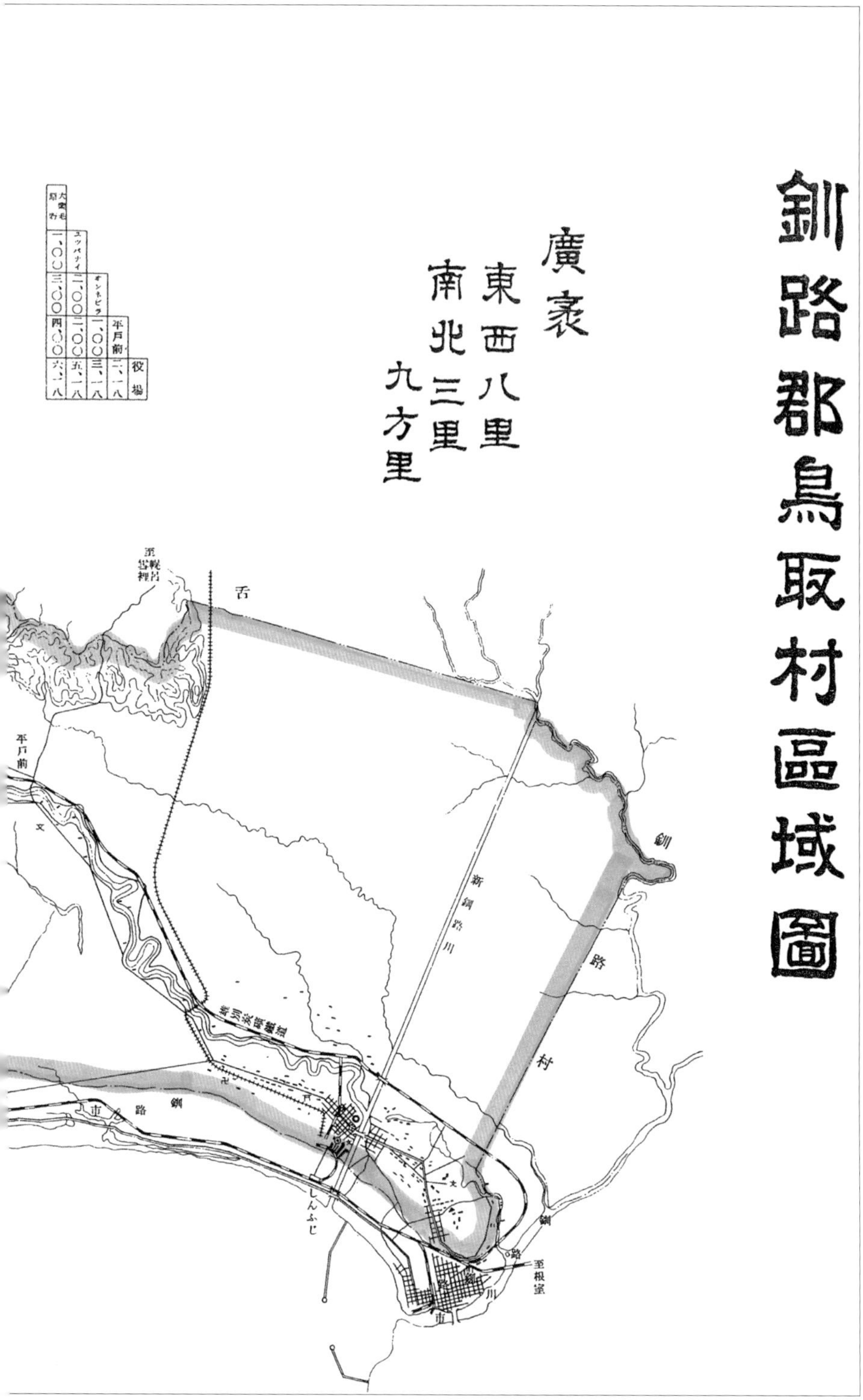

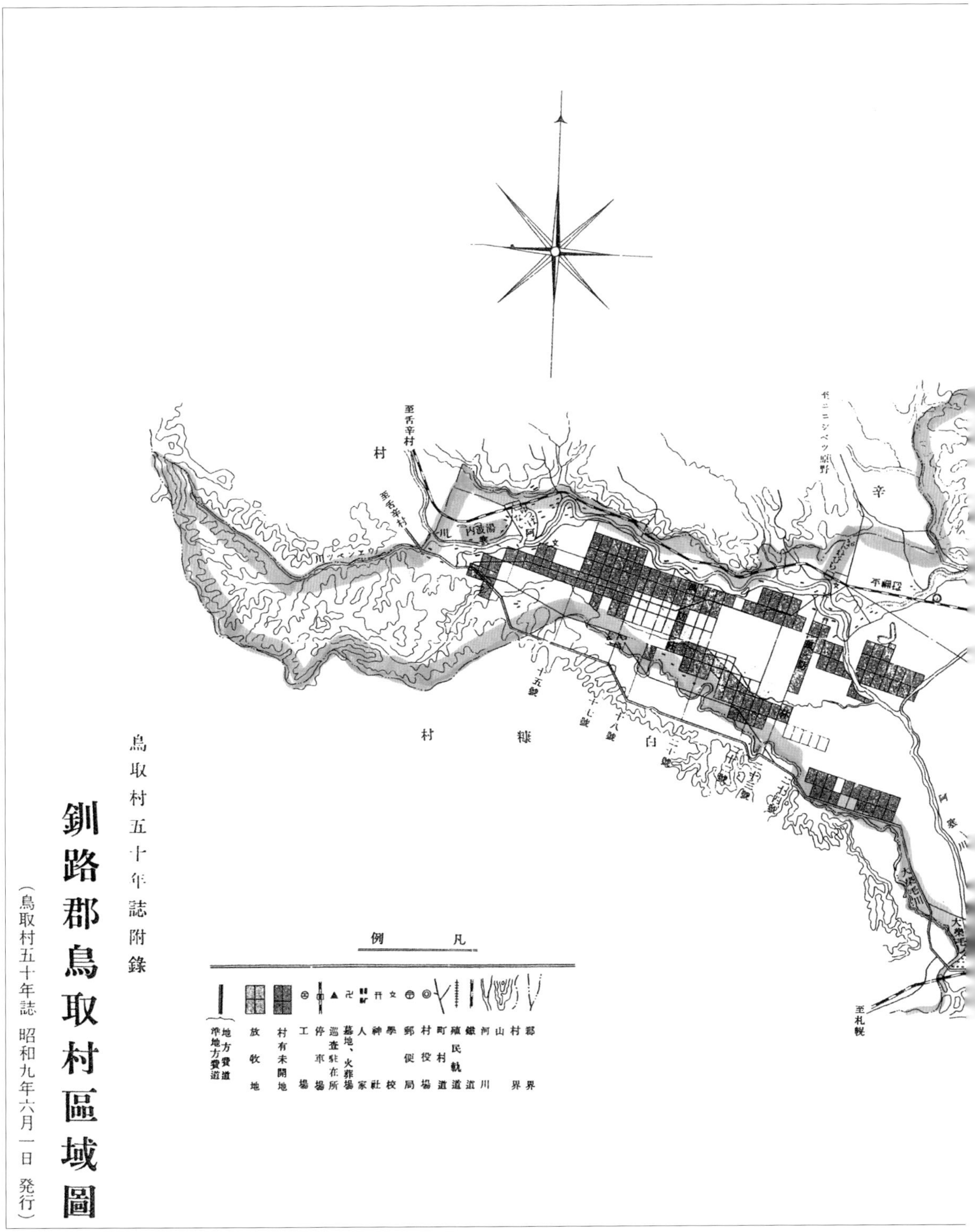

『鳥取村五十年誌』(1934年、鳥取村)より

1949年、釧路市、鳥取町、白糠町の一部が合併し、新しい釧路市が誕生した。合併時の面積、人口は釧路市46.7㎢(21%)・7万1731人(84%)、鳥取町136.3㎢(64%)・1万3449人(15%)、白糠町29.8㎢(15%)・308人(1%弱)=( )内は新釧路市に占める割合=。この合併が釧路の市街地拡大、戦後の人口増大、経済発展の契機となった。

昭和初期の鳥取大通＝釧路市・鳥取町・白糠村（一部編入）合併30周年記念写真集『躍進くしろ』より転載、釧路市教育委員会生涯学習課所蔵

旧・鳥取村役場前あたりからの撮影とみられる。左手前に下川代書があり、向かいには食料品雑貨の津村商店、薬店、燃料店などが並んでいる。橋を渡った先は治水市街。二階建ての田村病院が見える。

鳥取村役場庁舎＝1935年（昭和10年）ごろの写真を使った絵はがき、鳥取神社所蔵
1934年（昭和９年）、鳥取村開村50年を記念して新築された役場庁舎。現在の鳥取大通１丁目（鳥取５号公園内）にあった。

1943年（昭和18年）ごろの共栄大通＝『躍進くしろ』より、釧路市教育委員会生涯学習課所蔵
共栄大通ももともとは鳥取村だった。

竣工直前の鳥取橋＝1929年（昭和４年）、鳥取神社所蔵
釧路川治水工事に従事した成田優氏所有のアルバム写真から、鳥取神社が複写・所蔵する写真。
㊤は新釧路川左岸から富士製紙釧路工場を望む、竣工前の鳥取橋。㊦は新釧路川右岸から上流方向。

富士製紙

釧路の製紙業は、前田製紙合名会社が１９０１年（明治34年）、現在の釧路町天寧に製紙会社を建てたことに始まる。すでに道外で操業開始していた製紙会社にとって釧路は製紙業の最適地と目されていた。木材産業が確立し、原木は釧路川水系で河川流送で調達できた。河川から用水が確保でき、製品を本州へと輸送する釧路港があった。人口は１万人を超え、十分な労働力があった。近隣には炭鉱があり、自家発電用の石炭が調達でき、パルプ生産に必要な硫黄も域内で産出されていた。好条件がそろっていたのだ。１９２０年（大正９年）、鳥取村に富士製紙釧路工場が完成。鳥取村にとっては開拓以来の苦難の歴史から解放されるきっかけとなった。以降、鳥取地区は、日本有数の製紙業のまちへと成長していった。

富士製紙釧路工場正門＝富士製紙発行絵はがき、函館市中央図書館所蔵

鳥取村に製紙工場建設を決めたのは、もともとは樺太工業という製紙会社。当時、王子製紙、富士製紙に次ぐ規模の製紙会社だった。樺太工業は、釧路工場建設を目的に「北海道興業」という会社を設立し、1918年（大正7年）に釧路工場と、阿寒川の飽別発電所の建設に着手した。北海道興業は翌年、富士製紙と経営統合したため、工場は1920年（大正９年）、富士製紙釧路工場として完成した。

1923年（大正12年）には、国鉄根室本線に新富士駅が開業。富士製紙釧路工場からの専用側線も開通した。駅名は、富士製紙発祥の地である国鉄東海道本線の富士駅にちなんだ。後にこの名が町名となった。

1933年（昭和８年）、王子製紙（初代）が、富士製紙、樺太工業を合併。全国洋紙生産の80％（新聞用紙は95％）を占める世界有数の大製紙会社となった。社名は王子製紙だが、その規模から「大王子製紙」とも呼ばれた。釧路工場も王子製紙釧路工場となった。

新釧路川の対岸から見た富士製紙釧路工場＝富士製紙発行絵はがき、函館市中央図書館所蔵

富士製紙釧路工場の娯楽場＝富士製紙発行絵はがき、函館市中央図書館所蔵
定員1500人の大きな施設。芝居などを上演し、鳥取村住民にとっての娯楽場だった。

富士製紙釧路工場の抄紙機＝富士製紙発行絵はがき、函館市中央図書館所蔵

「十條」

昭和を生きた釧路市民にとって、釧路の製紙会社といえば十條製紙と本州製紙だった。それぞれ日本製紙、王子製紙に社名が変わっても、「十條」「本州」と呼んでしまう人は多い。特に、十條製紙釧路工場は、戦前から鳥取の発展を支えてきた富士製紙釧路工場を前身とし、戦後約半世紀にわたって「十條」の名で親しまれてきた。関連企業はもちろん、アイスホッケーチーム、十條ボウル、十條リンク、十條サービスセンターなども市民に愛された。

戦前、旧・王子製紙が富士製紙などを合併。「大王子製紙」とも呼ばれた王子製紙は１９４９年、過度経済力集中排除法で十條製紙、本州製紙、苫小牧製紙（後の王子製紙）の３社に分割され、釧路工場は十條製紙が継承した。１９９３年に十條製紙と山陽国策パルプが合併して日本製紙となった。２００３年には大昭和製紙も合併し規模を拡大した。本州製紙も１９９６年に王子製紙と合併。王子製紙グループとなり、「本州」の社名も消えた。

十條製紙正門＝鳥取神社所蔵

十條製紙釧路工場の新聞抄紙機＝1954年５月、北海道新聞社

十條アイススケートセンター＝鳥取神社所蔵
通称「十條リンク」。もとはボウリング場「十條ボウル」だった。1975年にスケート場に改装。十條アイスホッケー部のホームリンクでもあった。老朽化で2013年に閉鎖、解体された。

十條サービスセンター＝1998年12月、北海道新聞社
1999年、ラルズ（現・アークスグループ）へと営業譲渡され、改装されて「ビッグハウス釧路店」となった。2019年には地域一帯の再開発に伴い、建て替えられ「スーパーアークス鳥取大通店」がオープンした。

十條製紙釧路工場全景＝1988年11月、北海道新聞社

鳥取尋常高等小学校水泳部約60人＝1933年（昭和８年）ごろ、国鉄根室線鉄橋下の河口
『躍進くしろ』より転載

西へ広がる街

鳥取尋常高等小学校スケート部＝1933年（昭和８年）ごろ　『躍進くしろ』より転載

富士館＝大正後期ごろ、鳥取神社所蔵
富士館は、鳥取橋のたもと（鳥取大通１）にあったそば屋「富士屋」が店に隣接して開業した芝居小屋。畳敷きで約250の席があり、村民の集会場としても利用されたという。1929年（昭和４年）、富士製紙釧路工場の娯楽場が開設されたことにより、閉館した。

共栄大通＝『躍進くしろ』より転載
㊤ 1952 年ごろ
㊧ 1964 年ごろ
㊦ 1969 年ごろ
釧路市・鳥取町合併後の 1951 ～ 1963 年、旧・鳥取町と寿町地区の計 495 ヘクタールで市の第 2 土地区画整理事業が行われた。旧・鳥取町地区の街並みは大きく変わり、町名地番も変更された。現在の町名の多くが誕生した。

東北海道新聞社＝ 1951 年ごろ、現・白金町　『躍進くしろ』より転載
釧路駅の北側は、松浦町を除くとほとんどが旧・鳥取町エリアだ。東北海道新聞社は 1946 年創刊。釧路市・鳥取町合併後の 1953 年、旧・北海タイムスとの提携で「東北海道新聞」の題号はなくなったが、1955 年に新たに「釧路新聞」を創刊。その後、本社を黒金町に移転して現在に至っている。

イトーヨーカドー釧路店　㊤開店当日＝１９８１年７月８日、サトービル撮影・所蔵、㊨閉店が決まった冬＝２０１８年12月、北海道新聞社
人の流れの中心を新橋大通へと引き寄せた大型店。１９８１年に開店し、長年、市民に親しまれた。２０１９年、セブン&アイホールディングスの全国的な店舗再編で閉店となった。

釧路飛行場（愛国飛行場）＝1938年（昭和13年）11月6日、現在の文苑地区（230ページの地図参照）。『釧路飛行場開場式記念誌』（釧路市生涯学習課保管）より転載
北方防備の拠点として鳥取村に造られた敷地約50ヘクタールの飛行場。全国に飛行場を造るために発行された「愛国切手」による基金を建設費に充当したことから、1939年（昭和14年）から愛国飛行場と呼ばれたが、飛行機が飛んだのは開場当日のみ。札幌を経由し、釧路―東京間を約５時間で結ぶ定期路線が計画されたが実現せず、民間から軍用に転用したものの飛行機が利用することなく終戦を迎えた。戦後、この一帯は住宅地として区画整理され、1983年10月に愛国東、1984年11月に愛国西の町名が誕生した。

釧路空港が開港＝1961年ごろ、鶴丘　『躍進くしろ』より転載
1961年7月20日、1200メートル滑走路を持つ空港として開港し、北日本航空の札幌―釧路線が運航開始。1967年に東京直行便も就航した。1973年には滑走路を1800メートルに延長し、ジェット化。路線が次々と就航し、道東の拠点空港となった。2006年10月から「たんちょう釧路空港」の愛称を使っている。

釧路地方競馬場＝昭和初期、鳥取村10番地　『躍進くしろ』より転載
第１回は1932年（昭和７年）に開催。競馬場のあった町名は後に駒場町となった。

旧阿寒川大排水路（運河）事業＝1983年、鳥取神社所蔵
かつて阿寒川は釧路川の支流だった。新釧路川をつくる釧路川治水工事が行われた際、その付帯工事として新釧路川と釧路川の間の阿寒川跡を埋めながら木材流送などのための水路を掘削する事業が始まった。しかし、鉄道網の整備で運河は不要になり、事業は中止。釧路市・鳥取町の合併後の1956～1964年に行われた市の土地区画整理事業で埋められて柳町公園などが整備された。

共栄稲荷界隈

旧・鳥取町の二つの神社の例大祭の写真から街並みの変遷を振り返る。

共栄稲荷神社は1919年（大正8年）創建。1934年（昭和9年）、現在地（若松町18）に社殿を造営した。毎年8月に行われる例大祭は、旧・鳥取町の界隈をだるま神輿が練り歩く。釧路駅北側の繁華街「鉄北」を神輿が渡るのは暗くなったころ。当時の〝夜の街〟を伝える貴重な写真だ。

新橋大通6丁目＝1990年、共栄稲荷神社所蔵

共栄稲荷神社＝いずれも1963年ごろ、共栄稲荷神社所蔵
㊧境内㊦例大祭当日、境内で腹ごしらえをする子どもたち㊦共栄大通4丁目

新橋大通1丁目＝1990年ごろ、共栄稲荷神社所蔵
釧路農協ビル、セオチェーンなど懐かしい街並み。「石黒ホーマ」も現在は「ホーマック」だ。

北口銀座前＝1977年ごろ、共栄稲荷神社所蔵

鉄北地区、寅さんラーメン前＝1977年ごろ、共栄稲荷神社所蔵

鉄北センター＝2009年8月10日、北海道新聞社

若松町3番地＝1977年ごろ、共栄稲荷神社所蔵

鉄北地区の街並み

キャバレーハワイ＝1977年ごろ、若松町、共栄稲荷神社所蔵

鳥取神社界隈

鳥取神社は1891年（明治24年）、鳥取県士族移住者が創建した。当初は現在の鳥取大通2丁目付近にあったが、富士製紙釧路工場の建設地となったことから、1917年（大正6年）に現在地（鳥取大通4）に移転。毎年9月の例大祭は2日間にわたって、神輿や、鳥取の郷土芸能を伝承した「傘踊り」の行列が旧・鳥取町界隈や新富士界隈などを練り歩く。小中学校も学校単位で参加する地区を挙げてのお祭りだ。例大祭の写真から鳥取地区の昭和の街並みを振り返る。

鳥取神社大鳥居前＝1966年例大祭、松橋写真館撮影、鳥取神社所蔵

境内縁日＝1971年例大祭、松橋写真館撮影、鳥取神社所蔵

鳥取大通2丁目6～7　十條第三浴場前＝1971年例祭、松橋写真館撮影、鳥取神社所蔵
鳥取の郷土芸能「傘踊り」は、釧路鳥取傘踊り保存会が伝承しており、例大祭のパレードの華となっている。

鳥取大通、十條ボウル前での傘踊り＝1971年、松橋写真館撮影、鳥取神社所蔵

昭和町公園での傘踊り＝1968年、松橋写真館撮影、鳥取神社所蔵
鳥取中学校の隣にある公園。

住之江町7～9と新川町17の間の通り＝1976年、松橋写真館撮影、鳥取神社所蔵
㊤神輿の左後方に見えるのは、鳥取神社例祭の写真を撮影している松橋写真館。㊦は松橋写真館2階からの撮影。

鳥取中学校吹奏楽部の演奏＝1975年、松橋写真館撮影、鳥取神社所蔵

新富士町２の１＝1968年例祭、松橋写真館撮影、鳥取神社所蔵

麒麟獅子舞＝1971年、新富士町３の２辺り。松橋写真館撮影、鳥取神社所蔵

白金町 5 = 1968年、松橋写真館撮影、鳥取神社所蔵

白金町の街並み

白金町 4 の19 = 1968年、松橋写真館撮影、鳥取神社所蔵

大楽毛

鳥取町には海岸線はなく、新富士や大楽毛の海沿いの地域は戦前から釧路市。その「釧路」の名を馬産地として全国に広めたのは大楽毛だった。１９１１年（明治44年）に開設された大楽毛家畜市場（馬市）は「日本三大馬市」の一つに数えられた。１９３２年（昭和７年）には、日本釧路種という日本人の体型に合わせた小さめのばん馬がつくられ、軍馬、使役馬として活躍した。戦後も１９４６年、１９５２年に「釧路種馬一千頭共進会」を開くなど「馬産王国」の名を全国にとどろかせたが、自動車やトラクターの発達により、馬の需要は次第に減少。１９６５年には大楽毛家畜市場も阿寒町に移転した。

大楽毛駅前にある「日本釧路種」像は、馬産の発展に貢献した神八三郎氏の業績を今に伝える。

馬の牧場が一面に広がっていた大楽毛に、巨大な製紙工場が現れたのは１９５９年だった。

馬検場＝1954年、北海道新聞社
大楽毛家畜市場のせりが行われた場所。

皇太子視察＝1958年６月29日、北海道新聞社
皇太子（後の平成天皇）による大楽毛家畜市場視察。昭和天皇も皇太子・摂政時代の1922年（大正11年）に大楽毛に訪れ、「御前せり」が行われている。

大楽毛駅
＝1989年10月２日、北海道新聞社
1966年に解体された馬検場の建物を模してリニューアルした大楽毛駅のオープニングセレモニー。全国で初めて、駅と市役所支所が合築された駅舎だった。2001年に無人駅となった。

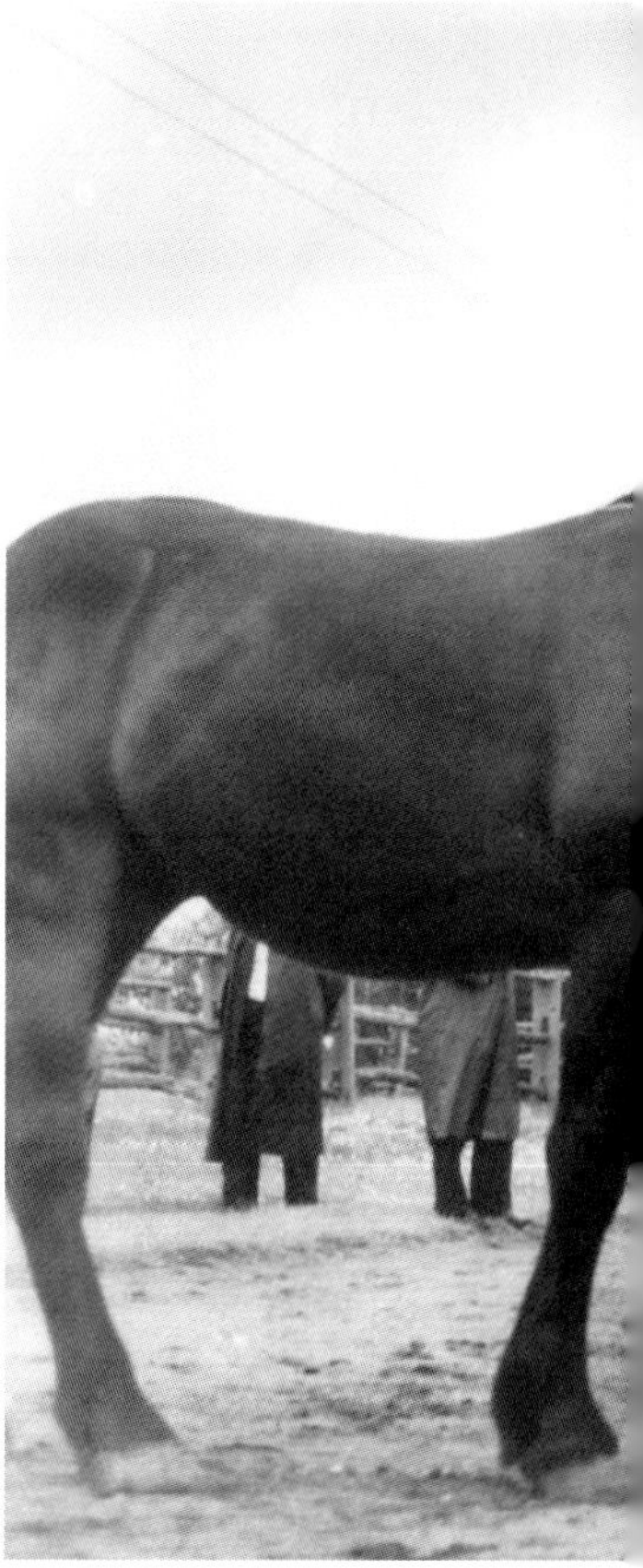

秋の馬市＝1957年10月、北海道新聞社

本州製紙

本州製紙は「原木から紙製品までの一貫生産を行う基幹工場」の最適地として釧路市大楽毛への立地を決めた。当時、「東洋最大の巨大製紙工場」と呼ばれた釧路工場は1959年、操業を開始。生産品は段ボール原紙だ。本州製紙は複数の段ボールメーカーを合併して規模を拡大。1996年には新王子製紙と合併して、王子製紙となった。もともと、1949年に旧・王子製紙が過度経済力集中排除法で分割された3社のうちの1社。元の社名に戻ったとも言える。釧路工場は一時、子会社「本州コーポレーション」の釧路工場となっていたが、新王子・本州合併に伴い、王子製紙釧路工場となった。その後、王子グループの再編により、王子マテリア釧路工場として、段ボール原紙の生産を担っている。

本州製紙釧路工場全景＝1962年、9月

大楽毛の平原に誕生した本州製紙釧路工場＝1962年2月、北海道新聞社

大楽毛—新富士を走る蒸気機関車＝1969年、北海道新聞社
釧路市大楽毛は、鉄道、釧路港、広大な土地、豊富な木材資源などの条件がそろっていた。

大楽毛海岸の「氷の宝石」＝㊤2020年1月21日午後4時10分、㊦2019年1月18日夕方、いずれも阿寒川河口付近の大楽毛海岸、北海道新聞社
冬、阿寒川から流れ出した板状の氷が、大楽毛の浜に打ち上げられる。夕刻、夕日に照らされキラキラと輝く氷塊は宝石のようだ。

稲作

湯波内《ゆっぱない》（現在の桜田）は1912年（大正元年）から1960年代初頭ごろまで稲作が行われていた。内陸にあるため海霧の影響が少なく、積算温度も比較的高いため、良質な米がとれた。雄別炭礦の従業員が地元の米を多く利用したという。1953年から冷害による凶作が連続し、稲作は年々減少。水田は姿を消した。

写真㊤は1923年（大正12年）、鳥取神社所蔵、㊦は『躍進くしろ』より転載

雄別鉄道

雄別鉄道は、旧・国鉄根室本線の釧路駅から、阿寒町の雄別炭礦にあった雄別炭山駅まで約44キロを結んでいた鉄路だ。釧路―雄別炭山間に旅客列車を一日5往復、貨物列車を一日13往復運行し、石炭輸送の動脈であると同時に、鳥取・阿寒・雄別地区住民の重要な交通手段だった。１９６８年には旅客１４６万人、貨物１６６万トンを運んでいたが、１９７０年、雄別炭礦が閉山に追い込まれたことによって全線廃線。鉄路の跡はサイクリングロードとなっている。

１９１９年（大正８年）、北海炭礦鉄道株式会社が設立され、雄別炭礦での採掘と、釧路川河口までの鉄道敷設を開始。１９２３年（大正12年）に釧路―雄別炭山間の旅客・貨物輸送が始まった。鉄道開通により生産は本格化し、翌年には三菱鉱業傘下となり、社名は「雄別炭礦鉄道」に変更。音別町尺別の尺別炭鉱、石狩炭田の茂尻炭鉱、十勝管内浦幌町の浦幌炭鉱を買収し、事業を拡大した。戦前〜戦後の日本のエネルギーを支えた炭鉱の一つだったが、１９６０年代からのエネルギー革命で採算が徐々に悪化、１９６９年に発生した茂尻炭鉱の重大事故で経営が破綻し、１９７０年、全炭鉱を閉山、会社を解散した。「さよなら列車」の運行は１９７０年４月15日だった。

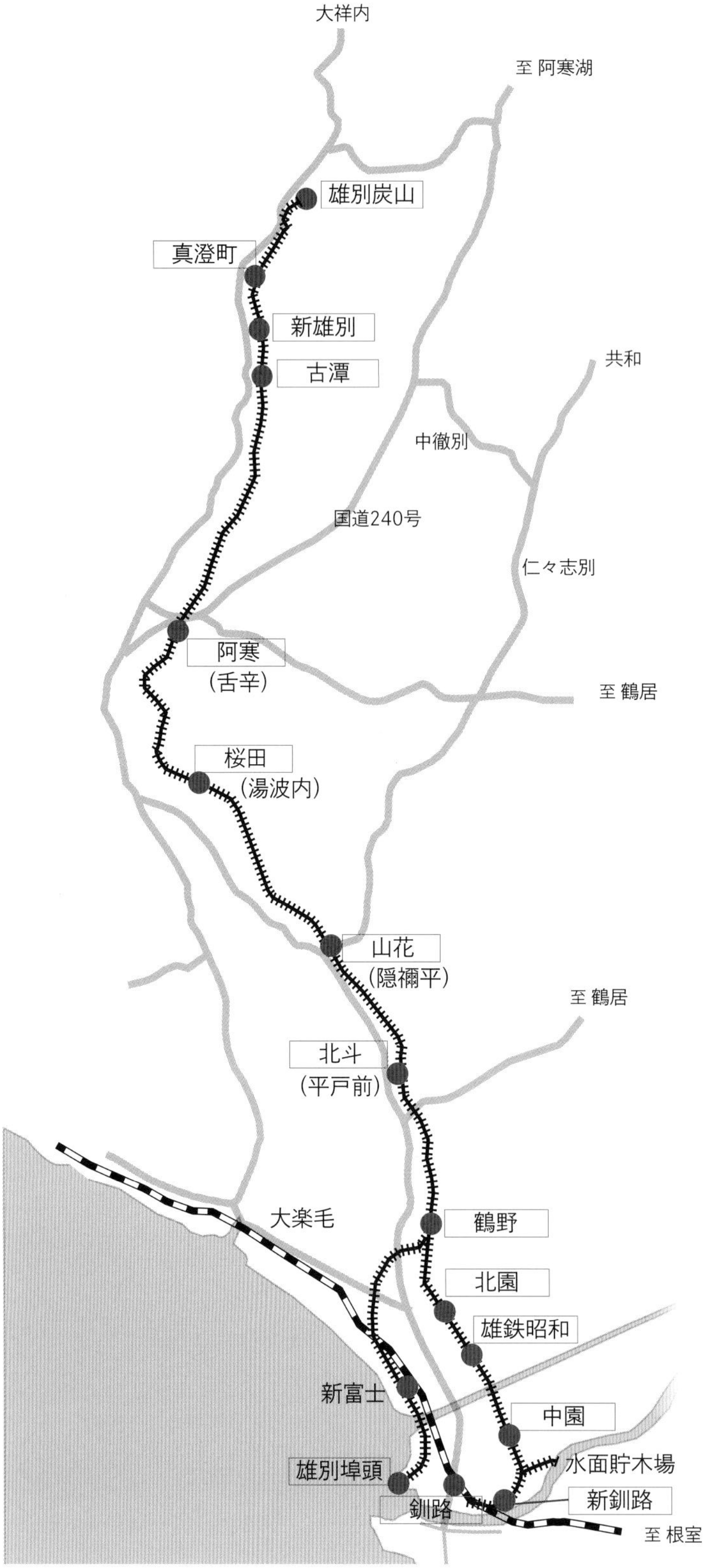

雄別鉄道の路線模式図（1970年廃線時） ※（ ）内は旧駅名
＝『雄別炭礦アーカイブ　百十五物語』（三沢 悟・制作担当、布伏内連合町内会 ウルトラウォーク実行委員会、2009年）をもとに作成。鶴野と新富士を結ぶ「鶴野線」は1968年開業。それまでは雄鉄昭和と新富士を結ぶ「鳥取側線」があった。雄別炭山から大祥内礦までの間には「大祥内線」（2.7㎞）もあり、石炭・貨物専用だが、旅客の便乗を許していたという。

柳橋通り踏切を行く雄別炭山行き貨物列車＝1967年12月、中園―鳥取信号場、酒井豊隆さん撮影、釧路市立博物館所蔵
鳥取信号場は1968年１月、雄鉄昭和駅になる。右端には釧路第一高等学校の表示。釧路第一高校は1978年３月に廃校。釧路市教委が施設を買い取り、1980年４月に道立の釧路北高校が開校した。その後、釧路北、釧路西、釧路星園の３高校が統合し、釧路明輝高校となっている。

鳥取中学校裏を行く蒸気機関車C11と除雪用ラッセル車＝1967年12月、中園―鳥取信号場、酒井豊隆さん撮影、釧路市立博物館所蔵

鶴野線が国鉄根室本線を越える鉄道橋＝1968年６月、鶴野―新富士、酒井豊隆さん撮影、釧路市立博物館所蔵
橋には大きく「雄別鉄道」の文字。鶴野線は1968年１月開業。

鳥取信号場を出発し、雄別炭山へと戻る石炭列車＝1965年４月、鳥取信号場―北斗、酒井豊隆さん撮影、釧路市立博物館所蔵

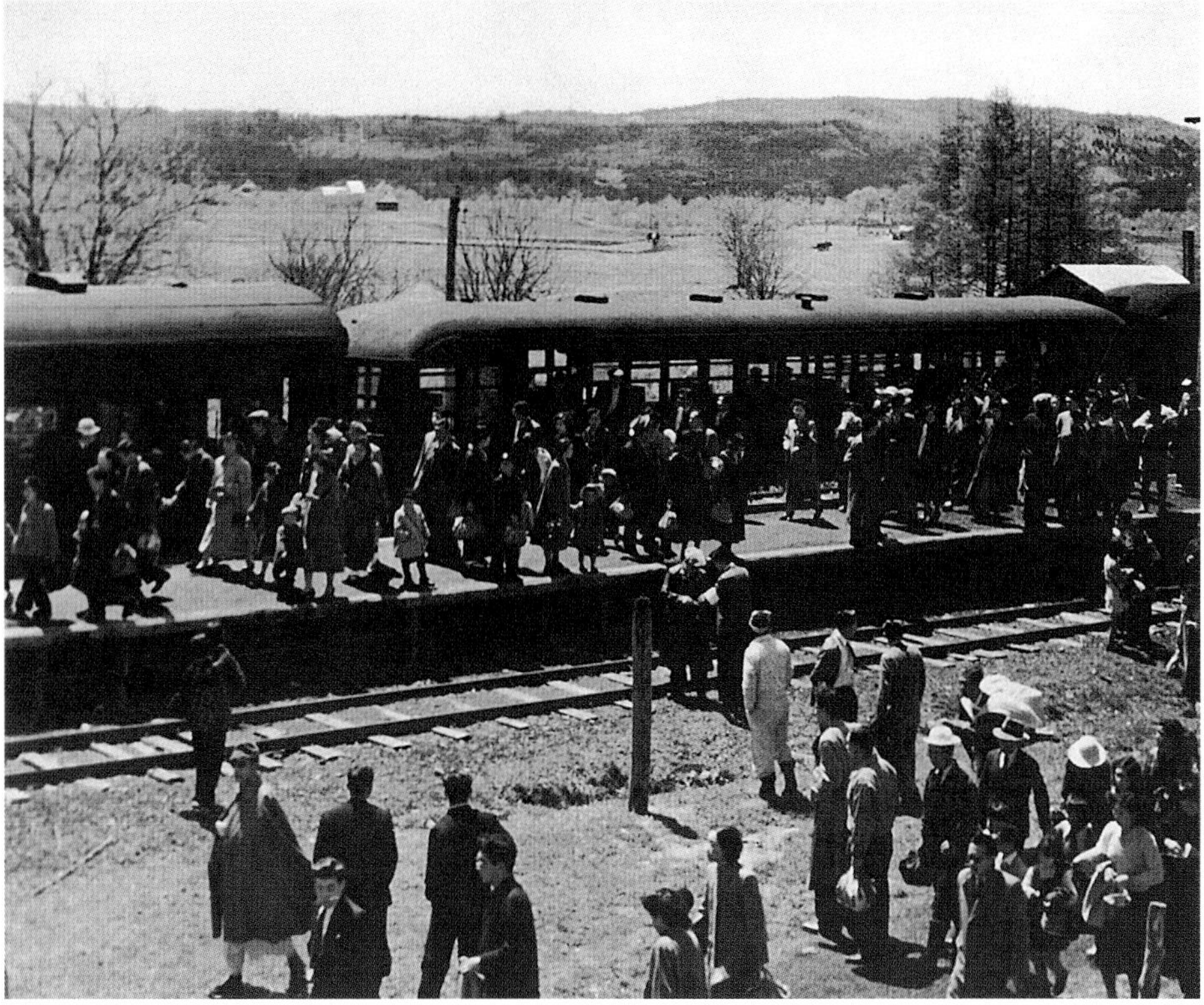

花見客でにぎわう桜田駅（湯波内駅）＝『躍進くしろ』より転載
湯波内（ゆっぱない、現在の桜田）には山桜の林があり、毎年開花時期には雄別炭山駅からの花見の臨時列車が運転されたほどだった。写真は1950年代とみられる。駅名は1956年に湯波内駅から桜田駅に改称された。

白い蒸気機関車＝1969年、阿寒駅　古潭・雄別歴史資料室所蔵
日立の冷蔵庫のテレビＣＭ出演のために白く塗られた機関車（写真左）。連結された長物車に冷蔵庫が５台搭載され、雄別鉄道を走った。ＣＭ撮影後もしばらく白色のまま運行していた。

鶴居村営軌道

かつて新富士と鶴居村（約29キロ）を結んでいた簡易軌道。レール幅が762ミリと、国鉄などの1067ミリよりも狭い。新富士停車場から鳥取市街地を抜け、途中、雄別鉄道と平面、立体で交差し、釧路湿原を走っていった。戦後、鶴居村が運営したことから「鶴居村営軌道」となった。もともとは内務省北海道庁が敷設した殖民軌道の一つ。1926年（大正15年）に工事が始まり、1929年（昭和4年）に正式開業した。最初は馬車鉄道だったが、1941年（昭和16年）にバス改造のガソリン（木炭）カーが導入された。戦後、内務省解体により農林省が所管し、後に運営は鶴居村に委託された。

旅客、貨物の輸送手段として活躍し、1950年代後半からは自走客車（ディーゼルカー）も導入。1962年には通勤・通学を含む旅客数は7万1千人以上を数えた。しかし、その後道路の改良が進み、自家用車が普及したことで利用が急減。1967年に運行休止、翌年に正式に廃止となった。

新富士駅で客車に乗り込む乗客＝1960年代、新富士、鶴居村教育委員会所蔵

簡易軌道雪裡線と雄別鉄道鳥取側線の轍叉（平面交差）＝1956年、新富士―鳥取、柏木茂さん撮影、宮本和摩さん所蔵

1963年ごろの鳥取市街地の鶴居村営軌道、雄別鉄道の路線イメージ＝『釧路・根室の簡易軌道』（釧路市博物館、2017年）掲載地図をもとに作成

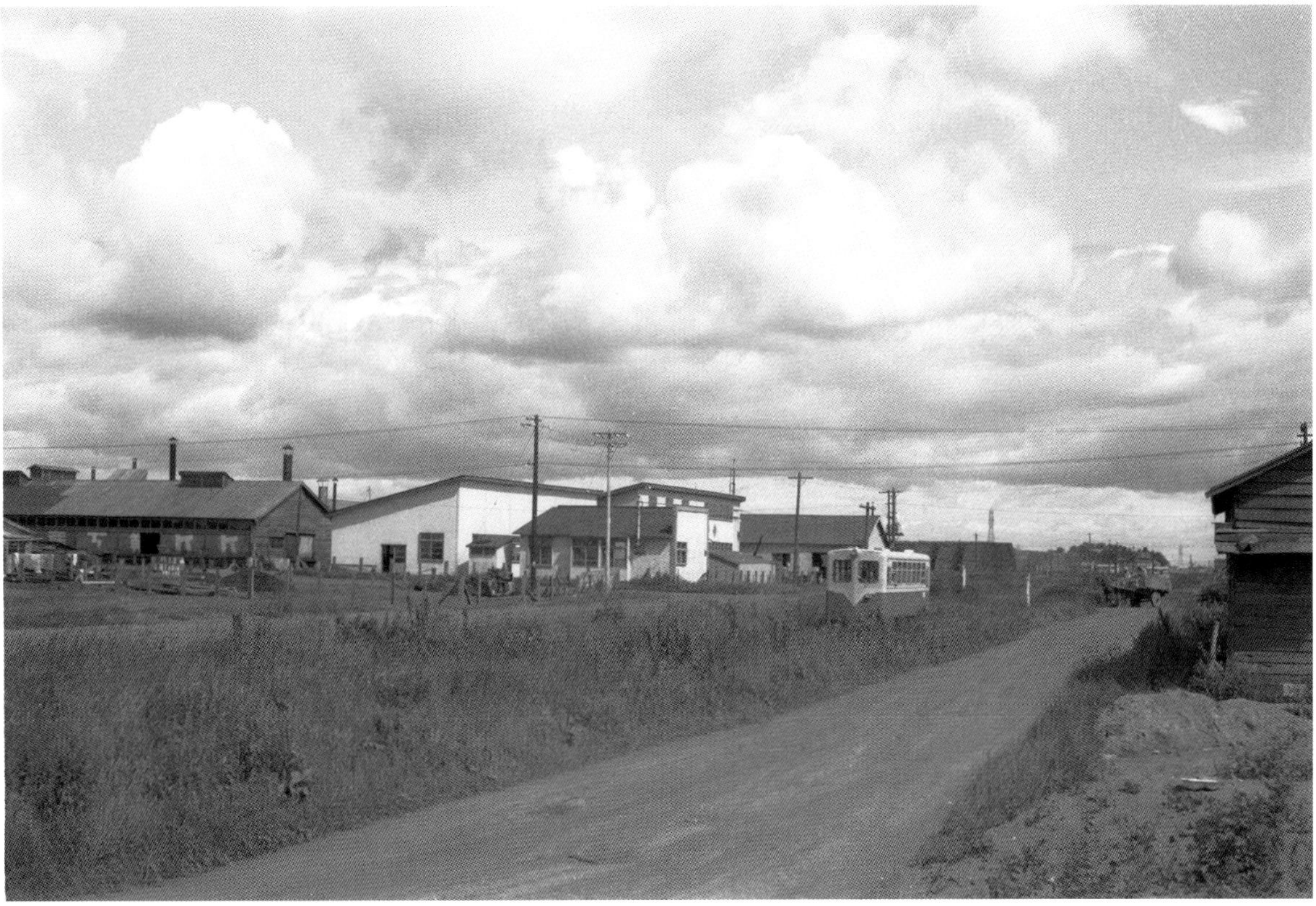

新富士を出て鳥取へ向かう村営軌道＝1965年８月26日、新富士—鳥取、今井啓輔さん撮影
現在は、この場所は４車線の道路となっている。

雄別鉄道との立体交差＝1966年１月、昭和地区—鶴野、高井薫平さん撮影
昭和地区停留所を経由する「新線」への切り替え後の写真。村営軌道は1961年ごろまで鳥取停留所から左折し、国道38号沿いに走る「旧線」だった。旧線は、現在の鳥取分岐付近にあった国道口停留所を経て雄別鉄道を越えて鶴野停留所へとつながっていた。

釧路湿原を走る村営軌道＝1956年６月17日掲載、北海道新聞社

農薬と思われる箱などを乗せた貨物列車
＝1960年ごろ、新富士―鳥取、小野睦雄さん撮影

鶴居村営軌道の路線模式図
※鶴居村内の停車場は主な停留所のみ

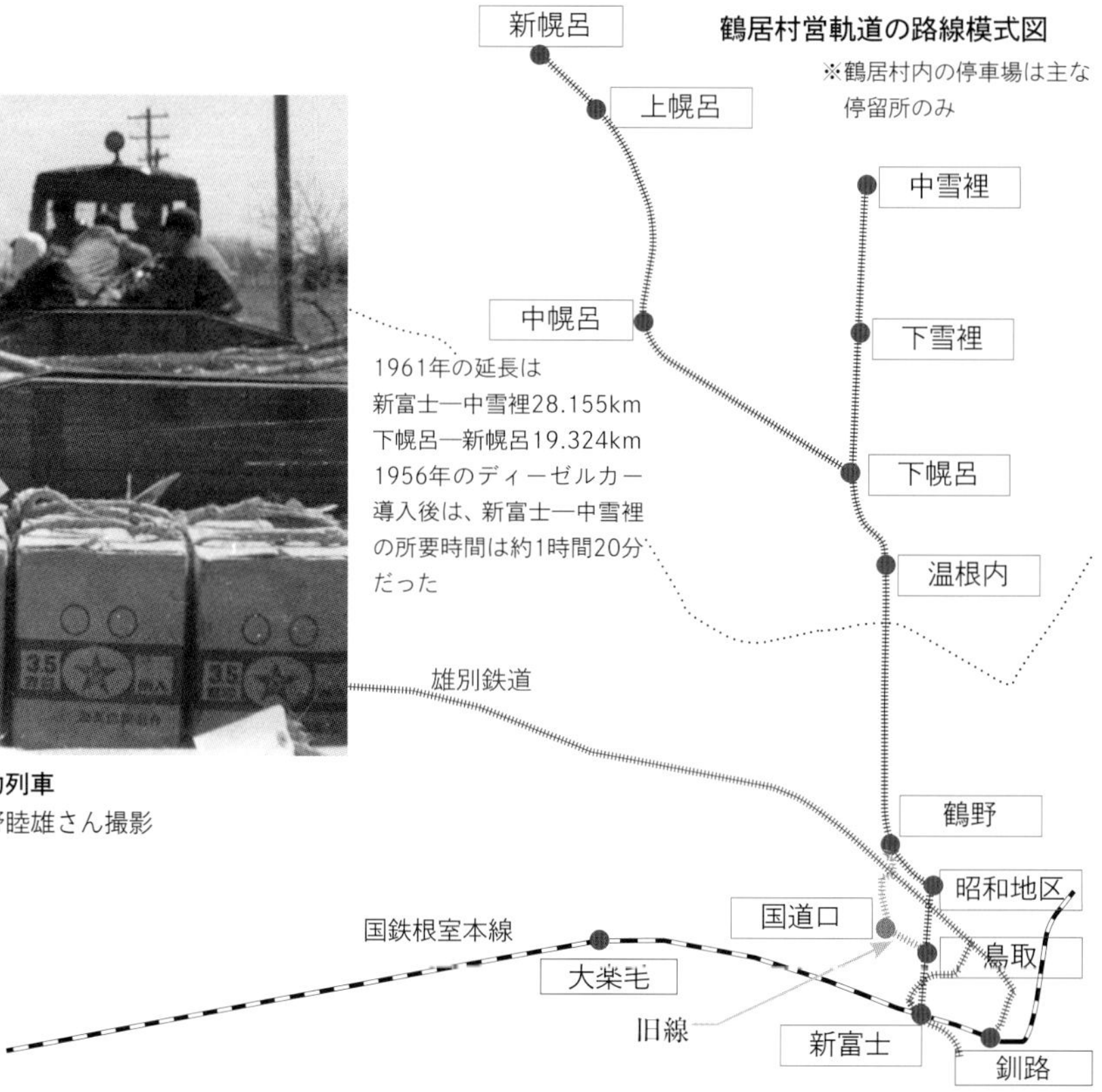

Ⅵ　木処・釧路

巨木の伐採＝大正年間、坂井木材撮影、釧路市教育委員会生涯学習課所蔵（坂井木材寄贈）

木材産業

先住民族アイヌ社会の自然環境との調和を求める生き方・考え方により、明治初頭の北海道は「無尽蔵」と表現される木材資源にあふれる地だった。

１８９０年（明治23年）の国有林特売制度施行、１８９７年（明治30年）の北海道国有未開地処分法成立によって、明治政府（北海道庁）は、北海道の原生林地の大規模開発に舵を切る。道東地方の内陸部の多くに軍馬補充部、殖民地移住地の開発が進み、原生林の優良大木の伐採、河川流送、鉄道輸送、港湾輸出・移出という木材産業の経済的進化の流れが始まった。

１８９９年（明治32年）に釧路港が開港（普通貿易港化）し、釧路を起点とした鉄道が１９０１年（明治34年）から順次開通したことにより、十勝・北見地方からも大量の木材が釧路港に集中。大正時代には「木処・釧路」と呼ばれるようになり、釧路港は北海道最大の木材輸出・移出港に成長した。経済環境に恵まれた釧路の木材産業にはさまざまな人材が集まり、釧路の街・産業全体を発展させていった。

阿寒川流域（当時は釧路川の支流）の造材現場＝大正年間、坂井木材撮影、釧路市教育委員会生涯学習課所蔵（坂井木材寄贈）

大正期、日本有数の木材業者であった、釧路の坂井木材（坂井徳治社長）の残した写真。ナラ材を枕木（インチ材）に仕立てる現場。作業員がそれぞれ動きを止めて一連の作業のポーズを取っていることから、広告や説明記録資料用として撮影したとみられる。トドマツ、エゾマツ などの針葉樹は、建築用材、製紙用原料材として移出、地元利用された。 当時の天然林広葉樹は、海外から高い評価を得ており、ナラ、カツラ、セン、シナなどの広葉樹は、鉄道枕木、インチ材、家具用材として、満州（現在の中国東北部）、イギリス、オランダ、アメリカに輸出された材が多かった。

船積みを待つ釧路川河口の水面貯木場＝大正年間、釧路川右岸の桟橋、坂井木材撮影、釧路市教育委員会生涯学習課所蔵（坂井木材寄贈）
釧路川につき出した鉄道桟橋を利用して集められた木材。桟橋中央の人物は坂井木材の坂井徳治社長と思われる。坂井徳治氏は函館に本店のあったキング商会に入社し、1907年（明治40年）、キング商会釧路支店支配人として来釧した。その後、キング氏死亡により、釧路でのキング商会の業務いっさいを受けつぎ、釧路の西幣舞に坂井木材合資会社を設立した。坂井木材店は日本有数の輸出枕木専門業者に成長したが、昭和恐慌期に倒産した。

坂本商会＝1908年（明治41年）１月３日、坂本商会事務所（西幣舞）前で撮影。社長の坂本彌太郎の実家、熊本県山鹿市の濱武家に残っていた写真の複写
前列赤ん坊と女児の間が彌太郎。坂本龍馬の本家である坂本家の７代目当主でもある。次男は画家の坂本直行。彌太郎は三井物産の社員として1906年（明治39年）、釧路に赴任。枕木などの取り扱いで成功を収め、1908年に独立して坂本商会を設立した。1913年（大正２年）火災で自宅・事務所を焼失、その後札幌へ転居した。このときの火災で焼失を免れた坂本龍馬関連の資料は後に京都国立博物館に寄贈している。

機関車での木材運搬＝坂井木材撮影、釧路市教育委員会生涯学習課所蔵（坂井木材寄贈）
雄別鉄道とみられる鉄道での枕木の運搬。㊤は搬入作業、㊦は機関車による運搬。機関車が貨車を押している。

原木流し＝昭和初期、富士製紙発行の絵はがき、函館市中央図書館所蔵
原木を川で下流域へと運ぶ勇壮な原木流し。

釧路川中流域での流送作業＝1911年（明治44年）、坂井木材撮影、釧路市教育委員会生涯学習課所蔵（坂井木材寄贈）
背景に見えるのは岩保木。

いかだのある風景

明治、大正期に釧路の経済の土台を築いた木材産業だが、昭和初期には優良木材資源は減少。昭和恐慌や自然災害、戦後復興の乱伐などで、大きな変化を迫られていった。

それでも釧路川、釧路港は材木の流通拠点であることに変わりはなかった。高度成長期には木材輸入が増え、釧路町木場に水面貯木場が設置された。釧路川にはいつも木材のいかだが行き交っていた。しかし、その水面貯木場も2014年度に廃止。「木処・釧路」の名残は姿を消した。

いかだ作り＝1962年２月、釧路川の土場付近、北海道新聞社
２月11日掲載。記事では、全道の60％にあたる年間32万立方メートルの用材・雑木を積み出している釧路港で、積み出す木材のいかだ作りが繁忙期を迎えていることを伝える。トラックや貨車で土場に運ばれてきた木材は川中でいかだ組みされ、釧路港に停泊する貨物船へと運ばれる。

松葉模様の釧路川＝北海道新聞社
撮影年不明。昭和30年代ごろと思われる。材木町から釧路管内釧路町にかけての貯木場。釧路川は材木の流通拠点。釧路川の真水に浮かべて保管した木材は、ひび割れや海藻の付着がなく、高品質を保つことができる。

ゆったり春の釧路川＝2003年４月10日、北海道新聞社
釧路川のいかだの歴史は、明治初期の開拓期までさかのぼる。原生林を切り出し、川で流送した。釧路港は木材の集積地になり、製紙工場の立地にもつながった。木材需要の高まりで輸入が増え、高度成長期の1966年、釧路市は河口から４キロの釧路町木場に水面貯木場を設置した。今度は船に引かれ、川をさかのぼるいかだが見られるようになった。
しかし、釧路市は施設の老朽化で2014年度での廃止を決定。釧路川の木材水運は2014年８月、最後の運航を行い、100年以上の歴史に終止符を打った。

年表

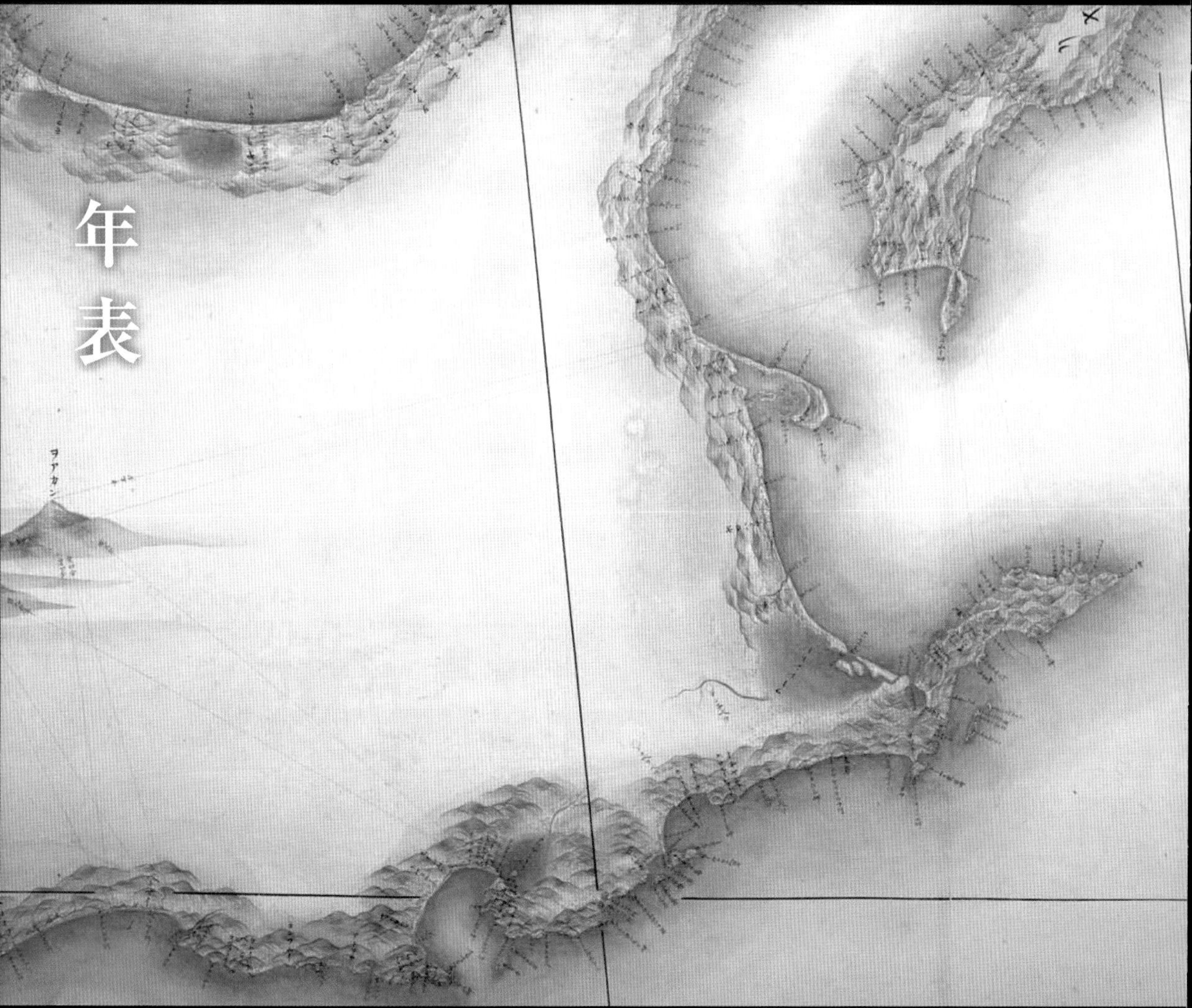

伊能中図

1800年（寛政12年）　国立国会図書館所蔵

　江戸時代の天文学家・伊能忠敬とその弟子たちが日本全国を測量し、完成させた「大日本沿海輿地全図」。通称、「伊能図」と呼ばれている。縮尺36,000分の1の大図、21,600分の1の中図、432,000分の1の小図が作られた。日本の近代化に大きく貢献した基本地図であり、北海道の地形の概要を測量の基礎により表した初めての地図でもある。伊能忠敬の第1次測量は1800年（寛政12年）、180日間にわたって行われた。江戸から奥州街道を北上し、津軽半島先端から吉岡に上陸して箱館に到着。蝦夷地東海岸線に沿って北上し、最終地である西別に達した。伊能中図の釧路市周辺の縮小図は、同時期に蝦夷地を探検していた探検家・間宮林蔵の測量結果を重ね合わせて作成されたもので、釧路地方の海岸風景、雄阿寒岳と雌阿寒岳などを、海岸線各地からの多角測量の図示が測量成果が描画され、さらにアイヌの人たちから聞き取りしたアイヌ語地名が位置を特定して書き込まれている。これらの地名の多くは現在も残されている。

参考文献：『釧路市統合年表』（釧路市教育委員会）、『平成30年　釧路市の水産』（釧路市水産部）、北海道新聞、旧釧路新聞記事ほか

はじめにアイヌ民族ありき

※戦前の人名は歴史的人物として敬称略

1643年（寛永20年）▼オランダ船カストリクム号が厚岸湾に停泊。同船司令官の来航記と、『松前旧事記』の記事中に「クスリ」地方のアイヌと交易という記述が登場。文献上最も古い「クスリ」の名と見られる。翌1644年（正保元年）の幕府編纂『正保絵図』にも「クスリ」の地名が記される。

1644年（正保元年）▽シャクシャインの戦い。クスリ地方にも広がる。

1700年代………▽松前藩の監督の下、場所請負制度が進む。

1751～1764年（宝暦元～14年）▼トミカラアイノがモシリヤ（現在の城山）にサルシナイチャシ（モシリヤチャシ）を築造。

1782年（天明2年）▼松前広長筆『松前志』にクスリ地方の石炭について記される。

1786年（天明6年）▼クスリ場所でのコンブ採取がはじまる。

1789年（寛政元年）▽クナシリ・メナシの戦い。

1792年（寛政4年）▽ロシア使節ラクスマンが根室に来航。通商を要求。

1799年（寛政11年）▽幕府が浦河～知床を直轄とする。1802年（享和2年）には東蝦夷地全体を直轄地とした。

1800年（寛政12年）▼伊能忠敬がクスリ場所の測量を行う。

1805年（文化2年）▼佐野孫兵衛（初代孫右衛門）が初めて釧路場所請負人となる。二代目孫右衛門により厳島神社がウラリマイ（後の真砂町高台、現在の南大通7丁目）に建立される。

1812年（文化9年）▼幕府が漁場の直営をやめ、再び場所請負人を置く。

1845年（弘化2年）▼松浦武四郎が初めて東蝦夷地を探検、クスリ場所に訪れる。1858年（安政5年）までに3度クスリ場所を訪れて調査。武四郎が著した『東蝦夷日誌』によると、1853年（嘉永6年）ごろのクスリ場所のアイヌ人口は1298人。

1854年（安政元年）▽日米和親条約締結。箱館奉行開庁。幕府は翌1855年、松前周辺以外の蝦夷地大部分を直轄とし、東北諸藩が警備することとした。クスリ

1858年（安政5年）ごろの海上から見たクスリの絵図＝「東蝦夷地絵巻」（国立公文書館所蔵）
「東蝦夷地絵巻」は、箱館奉行を務めた村垣淡路守（むらがきあわじのかみ）が1858年（安政5年）に釧路・根室地方を巡視した時の記録。アイヌ民族の住居とみられる大型家屋が河口付近に数多く立ち並ぶ。絵の中央やや右にある大きな建物は、交易や漁業の拠点施設「クスリ（久寿里）会所」。現在の米町公園に近い佐野碑園の場所にあたる。
沖合に停泊する2本マストの船は「箱館丸」で、洋式帆船としては日本で最も早い時期に建造された。絵の左にはクスリ川（釧路川）が見え、その河口左岸から伸びる砂嘴（さし）はオタエト（苧足糸）。ここにも家屋が描かれている。この砂嘴は明治以降の掘削としゅんせつにより姿を消した。

場所は仙台藩の警備地となった。

1857年（安政4年）
▼箱館奉行が、白糠石炭岬とオソツナイ（釧路市岩見ヶ浜）で採炭。釧路炭田で最初の採炭となった。

1859年（安政6年）
▽箱館開港。

1868年（慶応4年・明治元年）
▼佐賀藩などが蝦夷地開拓（分領）を出願する。
▼慶応4年9月（1868年10月）、明治に改元。

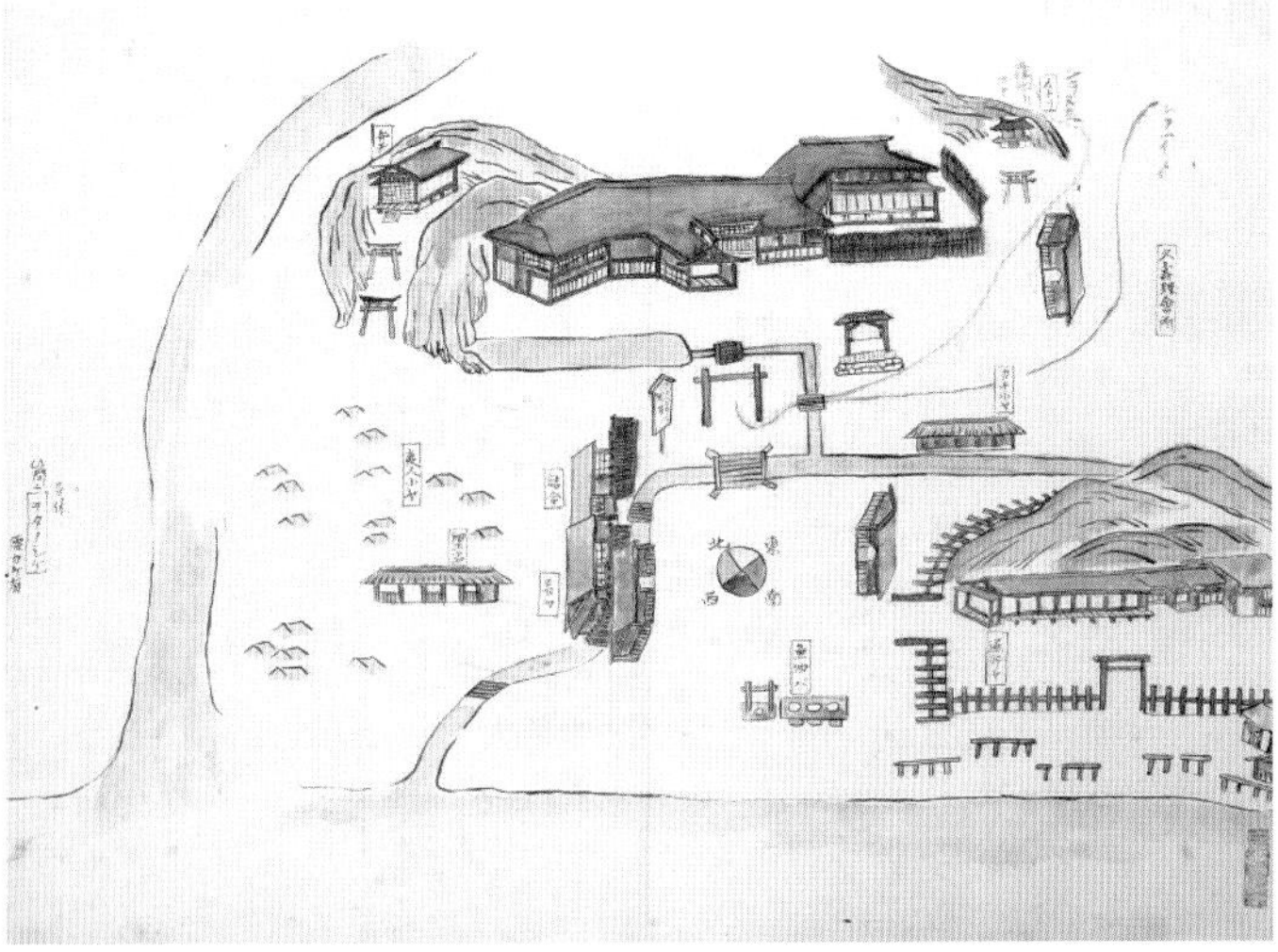

1800年代前半の久寿理会所
『東蝦夷地より国後へ陸中道中繪図　上』（1909年発行、横山隆福作）＝函館市中央図書館所蔵（原本所蔵・盛岡入角氏）。同じ1809年、松前奉行支配調役の荒井平兵衛が東蝦夷地御用のため箱館からクナシリ島に赴く途中各地の状況を著した日記『東行漫筆』によると、クスリ場所の蝦夷家数は309軒、1384人で、出稼ぎのため住居を離れている者が目立ったという。

1853年（嘉永6年）ごろの釧路の海岸風景＝松浦武四郎著『東蝦夷日誌』7編（国立国会図書館所蔵）より「釧路会所の図」。手前に会所、その向こうに釧路川。河口に突き出したオタエトが天然の港をつくり、大きな船が停泊している。

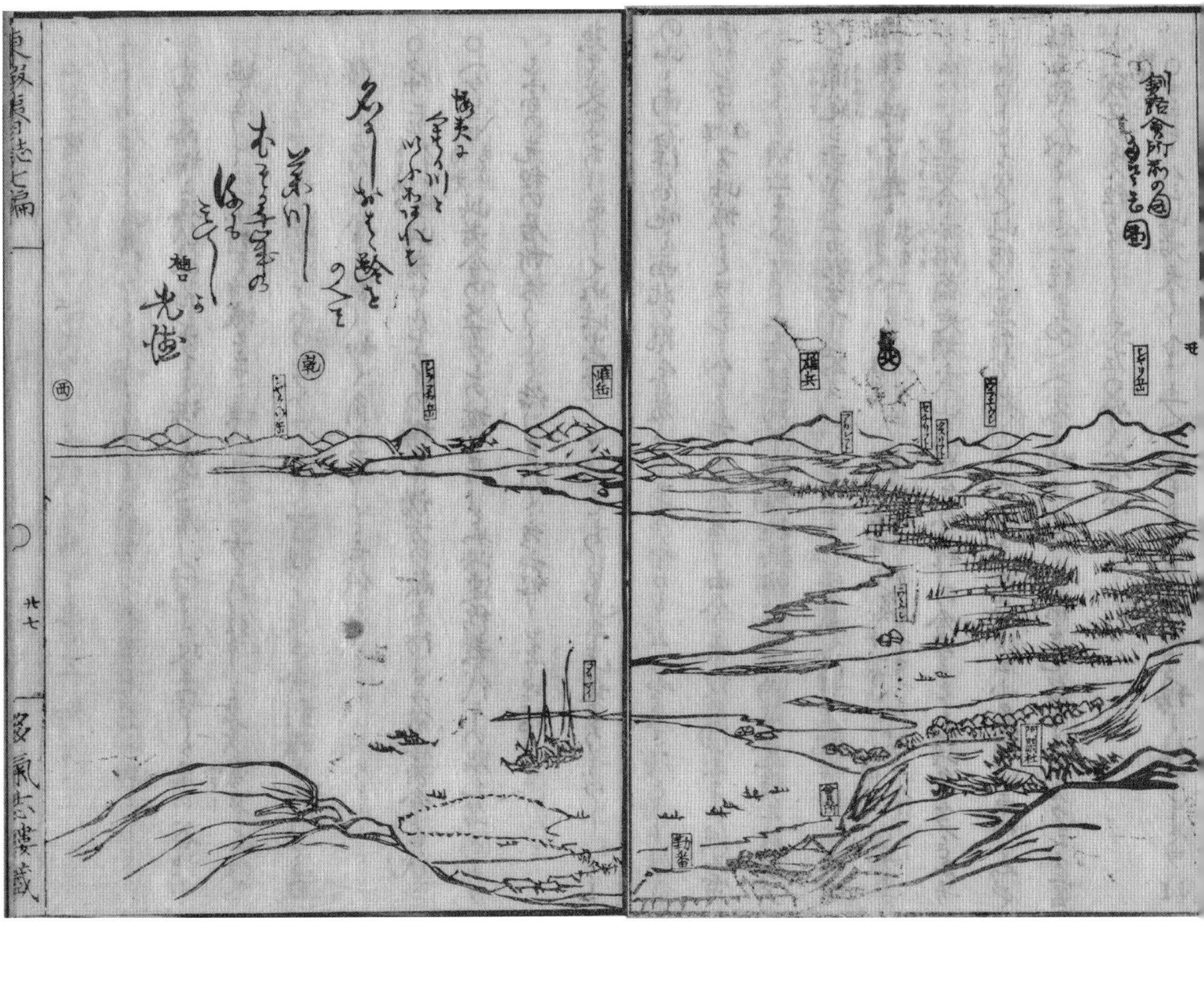

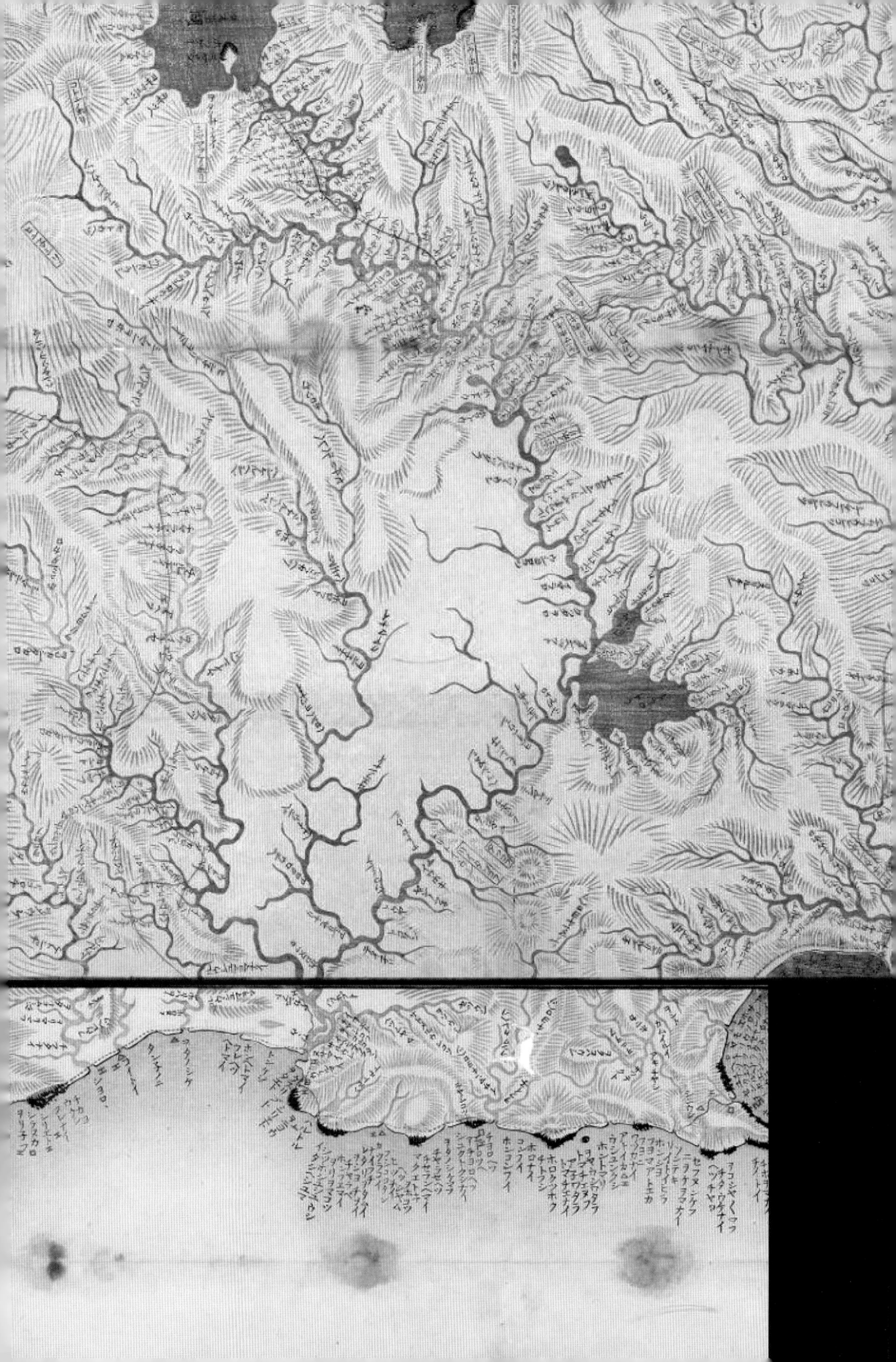
ホロナイ
コンフイ
チトフシ
ホロクツホク
ホントマリ
ウシユンクシ

明治

1869年（明治2年）

▽開拓使設置。蝦夷を「北海道」と改称、11国86郡を画定。釧路国釧路郡の名称が定められ、**「クスリ」「久寿里」は「釧路」に改称。**

▼佐賀藩が釧路国の厚岸、釧路、川上3郡の支配を命ぜられる。

▼開拓使が場所請負制度を廃止。場所請負人は「漁場持」と改称され、事実上継続。佐野孫右衛門が漁場持となる。

1870年（明治3年）

▼漁場持となった佐野孫右衛門が、道南、青森、秋田、新潟などから174戸637人の移住者を招募し、知人・弁天ヶ浜から仙鳳趾までの海岸に定住させたことを佐賀藩に報告。

1871年（明治4年）

▼佐賀藩の農工移民286人が釧路国（厚岸・浜中・釧路）に移住。明治政府が廃藩置県を行い、開拓使が分領支配を廃止して全道を直轄。佐賀藩は釧路国の支配を罷免される。

1872年（明治5年）

▼イカリ、ヌサマイ、オダイト（オタエト）、オニップ、ウラリマイ、イヨロト、ハルトルを合わせて釧路村となる。

▽北海道開拓使庁を札幌本庁に改め、函館、根室、宗谷、浦河、樺太の5支庁を設置。

▽明治5年12月3日、太陽暦に改暦。この日が明治6年1月1日となる。

1873年（明治6年）

▼8月、春鳥沼付近での石炭試掘が許可され、採炭が行われた。

1874年（明治7年）

▼8月、明治政府がアメリカから招聘した鉱山学者ライマンが道内全域の鉱物資源調査で釧路炭田も調査。オソツナイ（岩見ヶ浜）の炭質の優秀さを指摘。

1876年（明治9年）

▼3月、漁場持制度廃止。佐野孫右衛門が返上。

▼9月、開拓使が管内大区画を定める。釧路国は第24大区。このうち第1小区は白糠郡（白糠村、庶路村、尺別村）、第2小区は釧路郡（米町、釧路村、桂恋村、昆布森村、跡永賀村、仙鳳趾村）、第5小区が阿寒郡（舌辛村、徹別村、蘇牛村、飽別村）。

オソツナイ海岸＝明治期の写真とみられる絵はがき（函館市中央図書館所蔵）

東西蝦夷山川地理取調図＝1859年（安政６年）　国立国会図書館所蔵

江戸時代末期から明治にかけての探検家・松浦武四郎が作り、出版した詳細な北海道地図。蝦夷地を28枚に分割して描いている。武四郎はアイヌに寄り添い、アイヌ語の理解を深め、アイヌの協力を得て蝦夷地の海岸線、川筋、山道を歩いて膨大なアイヌ語地名を地図に残した。海岸線の図形やアイヌ語地名は伊能図を基本としている。

武四郎は私人として３度、公務で３度の計６度、蝦夷地調査を行い、うち３度クスリ場所を訪れた。最初は1845年（弘化２年）、初めての蝦夷地探検で、知床までの太平洋岸の陸地調査をした際、往路、帰路に訪れた。２度目は1856年（安政３年）。幕府雇を命じられ、根室から箱館に向かう途中だった。３度目は1858年（安政５年）、最後となった蝦夷地調査の際、会所を拠点に大楽毛－阿寒－美幌－網走－斜里－摩周湖を回った。武四郎は訪れた際、この地が東蝦夷地第一の都会になると予見したとされる。釧路市の鉄北地区にある「松浦町」という町名は1932年（昭和７年）、松浦武四郎にちなみ付けられた。

１８７９年（明治12年）
▼10月、佐野孫右衛門がアトサヌプリの硫黄鉱試掘の許可を受ける。
▼10月、武富善吉と笠野熊吉が、半官半民の「広業商会」を設立、コンブの流通事業を開始。以降、コンブ漁場が増大していく。
▼9月、教育令制定。米町に日進学校開校。

１８８０年（明治13年）
▼広業商会支配人の武富善吉が、佐野孫右衛門の漁場一切を買収。以降、漁業生産高が飛躍的に増大する。

１８８２年（明治15年）
▼2月、開拓使廃止。函館、札幌、根室の３県設置。４月には根室県庁が開庁する。
▼9月、米町、釧路村を分割再編し、米町、真砂町、釧路村とする。

１８８４年（明治17年）
▼6月、鳥取県士族移住第１次の41戸２０７人が到着。７月、釧路村を分割し、鳥取村ができる。翌１８８５年に第２次の64戸３０６人も到着、計１０５戸５１３人が移住。
▼7月、西幣舞に正方形の区画測量を実施。（後の幣舞橋～釧路駅間の街路）。
▼武富善吉が雌阿寒山の硫黄試掘の許可を受ける。１８８７年（明治20年から採掘開始。

１８８５年（明治18年）
▼5月、釧路、白糠、川上、阿寒、足寄の５郡を管轄する郡役所が釧路に設置される。
▼7月、釧路在住のアイヌ27戸１３８人が下雪裡（ピラカコタン）に移住させられる。
▼鳥取と釧路の境界線を結ぶ道路が造られる。鳥取街道と呼ばれ、後の共栄大通・北大通の道筋となった。

１８８６年（明治19年）
▼厚岸警察署釧路分署が独立して釧路警察署となる。
▼1月、３県１局を廃止し北海道庁設置。根室県は廃止となる。
▼2月、安田善之助（安田財閥の祖・安田善次郎の長男、後に２代目・安田善次郎を襲名）が、春鳥炭山とアトサヌプリ硫黄鉱山の権利を取得。

１８８７年（明治20年）
▼11月、標茶―硫黄山間の釧路鉄道が完成、硫黄運搬が始まる。釧路川

雪裡川での木材流送作業＝１９１３年（大正２年）、釧路市教育委員会生涯学習課所蔵（坂井木材寄贈）
正面の丸木舟にはアイヌ民族とみられる流送夫の姿がみえる。茅野製軸所は茂尻矢のマッチ軸製造所。

には硫黄製品や、燃料となる石炭運搬のため安田が蒸気船を就航させた。
▼名古屋の愛北物産が真砂町に店舗を設け、魚粕、酒、米穀などを商う。

1888年（明治21年）
▼6月、広業商会が解散。
▼7月、釧路村を分割し、洲崎町、浦見町、幣舞町を新設。

1889年（明治22年）
▼4月、前年に創立した釧路聖公会が、釧路初の中等教育機関「釧路英和女学校」（ルーシー・ペイン校長）を米町に開校。同学校は1895年（明治28年）に釧路女学校に改称、1898年（明治31年）に閉校した。
▼6月、春鳥炭山に大成坑開坑。1912年（大正元年）まで採炭。
▼9月、愛北物産が、釧路川に愛北橋を架橋。釧路川初の架橋。1898年（明治31年）に倒壊した。

1890年（明治23年）
▼安田炭鉱が、沼尻―港頭（知人）間に馬車軌道を敷設。
▼別保に山県勇三郎の山県牧場がつくられる。
▼12月、釧路港が特別輸出港に指定。

1891年（明治24年）
▼1月、釧路聖公会が1月、春採地区にアイヌ民族の子どもたちの学校（主任教師ルーシー・ペイン）を開校。7月には永久保秀二郎が教師として赴任。同学校は1893年（明治26年）に私立春採尋常小学校となり、1906年（明治39年）に廃校。これに代わって庁立の第三尋常小学校附属春採特別教習所が開校、翌1907年（明治40年）に移転・新築して官立の春採尋常小学校となり、永久保が引き続き教鞭を執った。
▼2月、厳島神社が真砂町から米町へ移転。鳥取村に鳥取神社が創建。
▼9月、釧路埼灯台が完成（1889年から建設が進められていた）。
▼10月、オンネビラ（後の山花、美濃）に愛知県等移住者団体が入植。
▼硫黄山鉄道を普通鉄道にすることを目的に、安田善次郎らが株主となって釧路鉄道会社設立を出願。翌1892年より標茶―跡佐登間の普通鉄道営業開始。1896年（明治29年）硫黄採掘中止で運行休止。

1893年（明治26年）
▼4月、日本銀行根室出張所の釧路派出所設置（1898年廃止）。
▼12月、釧路川左岸の茂尻矢と右岸の阿寒太の間に釧路橋（釧路川橋とい

川崎船とコンブ干し＝明治期、釧路市教育委員会生涯学習課所蔵（坂井木材寄贈）
釧路東港区が築港する以前の、現在の寿町、浪花町の海岸線を映した写真とみられる。南浜、仲浜、寿町周辺の海岸はかつて「トンケシ」と呼ばれていた。

う説もあり）が架橋される。

1896年（明治29年）
▼別保炭山を山県勇三郎が譲り受け、山県炭礦を開坑。運炭軌道を敷設し、採炭を開始。

1897年（明治30年）
▽4月、北海道国有地未開地処分法が施行。これにより、釧路川、阿寒川沿いに民間牧場が開設されていく。
▽11月、郡役所廃止、全道に19支庁設置。釧路郡も廃止され、釧路支庁が設置される。

1898年（明治31年）
▼現・米町4丁目の地区が埋め立てられ、遊郭区域とされる。

1899年（明治32年）
▼7月13日、釧路港が普通貿易港に指定され、8月4日に開港する。
▼越後漁民が持ち込んだ川崎船による手繰網漁業で漁場が拡大。定住する漁民が増加。

1900年（明治33年）
▼7月、釧路に町制施行。釧路町となる。
▼12月、初代幣舞橋が完成。
▼釧路の人口が1万人台になる（2129戸、1万309人）。

1901年（明治34年）
▼5月、天寧に前田製紙工場が完成、操業開始。1902年（明治35年）操業停止の後、1903年（明治36年）に富士製紙が買収し、北海紙料として操業を再開、1906年（明治39年）には富士製紙第四工場となったが、1913年（大正2年）火災で焼失する。
▼7月、釧路―白糠間に官設鉄道が開通（延長約28キロ）。初代の釧路駅が現在の黒金町に開業。途中の大楽毛駅、庶路駅も開業。
▼7月、釧路川左岸河口3万5千坪の埋立工事が始まる。
▼11月、洲崎町・真砂町で大火（660戸焼失）。
▼茂尻矢の佐々木牧場（現在の緑ヶ岡）が、釧路で初めての牛乳販売（配達）を始める。

1902年（明治35年）
▼7月、釧路新聞（北海道新聞の前身の一つ）創刊。

1903年（明治36年）
▼9月、釧路川左岸埋立工事が完成、入舟町が新設される。
▼舌辛に兵頭炭山が開坑、大楽毛までの馬車軌道が敷設される。

千代ノ浦海岸＝明治末期から大正中期ごろ、釧路市教育委員会生涯学習課所蔵（坂井木材寄贈）
手前に馬鉄軌道と馬が見える。

1904年（明治37年）

▼1月、博済病院が浦見町に設立（のちの釧路赤十字病院）。

▽アメリカ・セントルイス博覧会（5〜10月）に、春採コタン出身の邊泥（ペテ）五郎を含むアイヌ民族の男女7人が参加。「人類学展示」の一部として、アイヌのチセでの生活を再現展示、工芸品などを制作し、博覧会記録や現地の新聞などで「ある意味での未開性にもかかわらず、彼らは会場でもっとも清潔で礼儀正しく、もっとも紳士的で上品な人々」と賞賛される。一行は8カ月間滞在して帰国。邊泥は渡米前から札幌のイギリス人宣教師バチュラーの元で奉公人として働いており、本人の強い希望で参加。帰国後はキリスト教の伝道師となった。

1905年（明治38年）

▽9月、日露戦争終結、ポーツマス条約締結。

▼10月、官設鉄道の釧路—帯広間が全線開通（釧路—帯広間の所要時間は5時間22分）。

▼安田炭山で第一竪坑（現在の春採4丁目付近）の開削始まる。

▼鉄道の延伸により、立木払い下げによる木材造成が盛んになる。釧路港から初めての直輸出で枕木材が上海に積み出される。

1906年（明治39年）

▼釧路沖合でのマグロ流し網漁が初めて行われる。

▼10月、「丸三越後屋呉服店」（丸三鶴屋の前身）が真砂町に開業、「丸と北村呉服店」（後に丸ト北村に改称）が西幣舞に開業。

1907年（明治40年）

▼9月、狩勝峠開通により、官設鉄道の旭川—釧路間が釧路線と改称。旭川、札幌経由で函館まで全通する。

1908年（明治41年）

▼1月、石川啄木（当時23歳）が釧路新聞記者として来釧。

▼2月、釧勝興業設立、山県勇三郎の事業を引き継ぐ。別保山県炭礦は釧勝興業別保鉱となる。

▼4月、釧路郡漁業組合設立。

▼12月、春鳥炭山鉱業所が、安田商事釧路支店安田鉱業所となる。

1909年（明治42年）

▼3月、釧路港修築案が帝国議会を通過。

▼**11月、二代目幣舞橋が完成。**

安田の竪坑＝明治期、釧路市教育委員会生涯学習課所蔵
石炭需要が拡大する中、地中深部からの採炭が必要となり、ボーリング調査をし、結果、予想以上の炭層・炭質の存在を確認した。1905年（明治38年）、現在の春採４丁目付近に竪坑の開削をすることとなった。

北海道新聞釧路支社の旧社屋＝1957年８月、北海道新聞社
北海道新聞の前身である釧路新聞社は釧路川左岸の海に近い場所にあった。石川啄木が釧路駅に到着したのが1908年（明治41年）１月21日。その12日後の２月２日、この社屋の落成式が行われた。釧路臨港鉄道が運行開始した1926年（大正14年）からは「入舟駅」が最寄り駅だった。
釧路新聞社は1923年（大正12年）に輪転機を導入、1928年（昭和３年）から夕刊も発行。1942年（昭和17年）に北海道新聞社となってからもこの社屋が釧路支社として使われた。北海道新聞釧路支社は1957年11月に北大通２丁目（幣舞橋のたもと）に移転（その後1980年に現在の黒金町へ移転）。この旧社屋は1965年に取り壊された。1993年、大町に旧社屋を復元した休憩所資料室「港文館」が建てられた。

1910年（明治43年）

▼1月、釧路測候所（1957年に釧路地方気象台に昇格）が熊牛村（現在の標茶町）から釧路町幣舞に移転。以来90年間同じ場所にあったが、2000年に幸町の釧路地方合同庁舎に移転した。

1911年（明治44年）

▼6月、第1回官民連合運動会が岬頭グラウンドで開催。第2回は1916年（大正5年）。1930年（昭和15年）の第5回からは「釧路市民大運動会」となり、釧路市民の最大行事となった。

▼9月、釧路公会堂落成。

▼10月、釧路牛馬組合が大楽毛家畜市場を開設（大楽毛駅前で初の馬市）。

1912年（明治45年・大正元年）

▼5月、山下西洋洗濯店（後のエンパイアークリーニング）が西幣舞に開業（大正期に真砂町に移転）。真砂町にそば屋「東家」開業。

▽7月、大正に改元。

大正

1913年（大正2年）

▼1月、天寧の富士製紙工場が焼失。

▼4月、庁立釧路中学校（現在の釧路湖陵高校）が開校。

▼7月、北海道拓殖銀行釧路支店が真砂町に開店。

▼12月、西幣舞で大火（286戸焼失）。

1914年（大正3年）

▼阿寒川の流路切り替え工事が始まる。

▽7月、第1次世界大戦始まる。

▼7月、飯塚城之助と嵯峨久が発動機船によるマグロ流し網漁業を始める。前年から道外の発動機船によるマグロ漁が増加していた。

▼9月、城川竹次郎が湯波内（現在の桜田）で、水稲の本格的収穫に成功。

▼10月、春採の安田炭鉱が休業。1917年（大正6年）10月に木村久太郎が買収し、木村炭礦設立。

1915年（大正4年）

▼3月、釧路三鱗魚菜市場が発足。

▼**6月、三代目幣舞橋が完成。**

▼7月、小川勇次郎が道内初となるハイヤー営業を開始。横浜からフォー

釧路公会堂＝明治後期の写真を使った絵はがき＝函館市中央図書館所蔵
1911年（明治44年）9月に落成。9月2～4日の皇太子（後の大正天皇）行啓の際、宿泊所とするため、釧路の大工全員で完成させたという。

ド8人乗り幌型中古車を購入。これが道内初の営業用自動車となった。

1916年（大正5年）

▼8月、嵯峨久らが釧路鮪流網組合を設立。同組合は1920年（大正9年）に釧路発動機漁船組合（釧路機船漁協の前身）へと改組される。

1917年（大正6年）

▼5月、三井鉱山が別保の大坂炭礦を買収、三井鉱山釧路炭礦とする。

▼北海水産設立。発動機船2隻を建造し、沖合での機船底引き網漁業に進出。翌1918年（大正7年）にも6隻（うち4隻は機船）を建造、機船での底引き網漁業を本格化。

▼12月、鉄道の釧路—浜厚岸間が開業し、**釧路駅を現在地へ移転・新築。**それまでの釧路駅を浜釧路駅と改称して貨物専用駅とする。

1918年（大正7年）

▼1月、木村組炭礦が運炭用馬車軌道を港頭まで全線複線化。12月には知人に貯炭場と高架桟橋を造成。

▼1月、北海道興業（翌1919年に富士製紙に吸収合併）が鳥取村で製紙工場建設に着手。同時に阿寒川の飽別発電所の建設にも着手。

▼3月、阿寒川切り替え工事完了、阿寒新川に通水を開始。

▼10月、尺別炭鉱開坑。

▽11月、第1次世界大戦終結。

▽スペインかぜ（インフルエンザの世界的大流行）。1921年（大正10年）までの日本の死者数は約39万人（内務省衛生局統計）。

1919年（大正8年）

▼3月、富士製紙が北海道興業を吸収合併。鳥取村の工場、阿寒川の発電所は、富士製紙が建設を続行。

▼4月、合名会社敷島商会設立。1923年（大正12年）から「福司」醸造開始。

▼5月、庁立釧路高等女学校（釧路江南高校の前身）が茂尻矢に開校。最初は釧路第一尋常小学校の一部を利用した仮校舎だったが、翌1920年1月、茂尻矢に新校舎が完成・移転し、10月に開校記念式が行われた。

▼9月、富士製紙の飽別（阿寒第1）発電所運転開始。

▼12月、北海炭礦鉄道（雄別炭礦鉄道の前身）設立。

旧阿寒川の切り替え工事＝1915年（大正4年）9月、現在の新釧路川の鳥取橋下流付近、釧路市教育委員会生涯学習課所蔵（坂井木材寄贈）
写真裏面の書き付けによると「大正4年9月写、大正5年1月30日着。阿寒川切替工事左岸　川底水中掘り引き　護岸基点より上流30間から96間の間　橋は札幌に至人道橋」

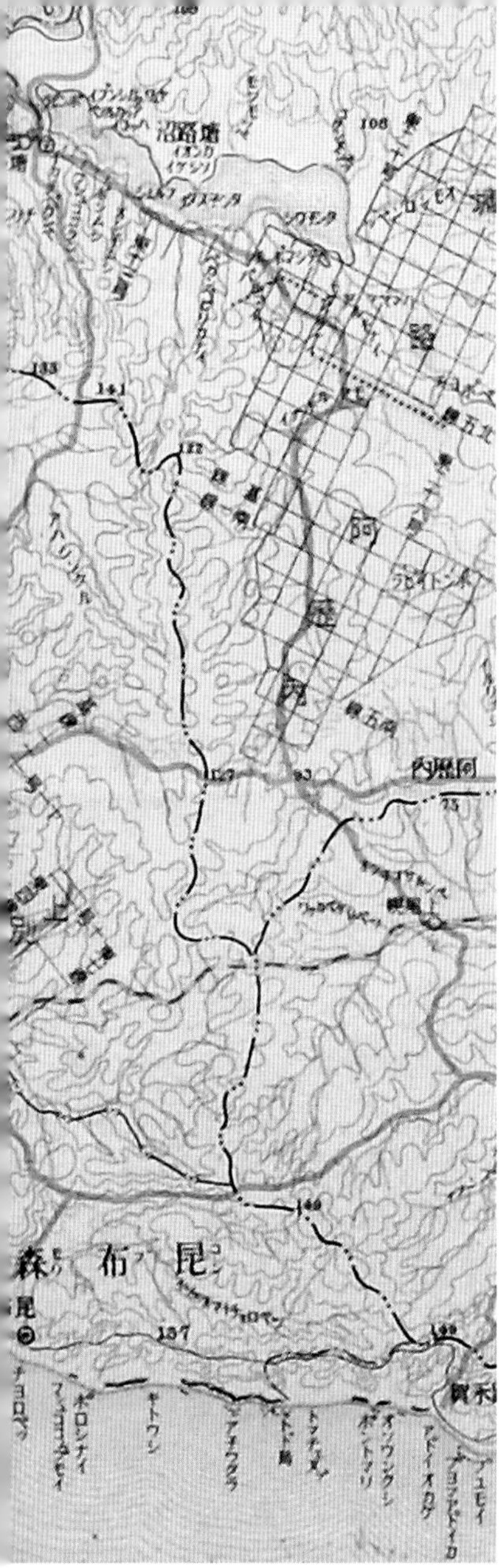

1920年（大正9年）

▼12月、坂井木材合資会社設立。後に日本五大枕木業者の一社となる。

▼鳥取村に稲荷社（後の共栄稲荷神社）創建。

▼4月、尺別炭鉱の運炭用軽便軌道が完成、貨物専用の尺別駅が開業。

▼4月、木村組炭礦と三井釧路炭礦が合併し、太平洋炭礦を設立。

▼6月、釧路町を分割し、別保地区などを釧路村として分村する。

▼**7月、釧路に区制施行。釧路区となる。**

▼7月、鳥取村の富士製紙釧路工場が創業開始。

▼**8月9日　豪雨で釧路川が氾濫して大洪水となる。**橋北市街地のほとんどは水没。阿寒川が流路を変えて大楽毛川に合流し、大楽毛が河口となる。旧阿寒川の流路は仁々志川となる。釧路管内の洪水被害は、死者・行方不明者10人、家屋流失・全壊57戸、橋梁流失22カ所など。

▼9月、釧路川治水計画が決定され、釧路築港計画も港域が拡大される。

第1回国勢調査
1920年（大正9年）

釧路区	39 392人
白糠村	6 068人
尺別村	5 628人
釧路村	3 849人
鳥取村	2 254人
昆布森村	2 324人
舌辛村	4 104人
徹別村	1 475人
飽別村	305人
北海道	2 359 183人

1921年（大正10年）

▼3月、阿寒湖のマリモが国の天然記念物に指定される。

大正９年大洪水で氾濫する釧路川＝1920年（大正９年）、東釧路駅～材木町付近
『躍進くしろ』より転載

釧路川治水工事（新釧路川掘削）前の地図＝「根室・釧路管内移民収容地図」（北海道庁植民課作製、実物は20万分の1）の一部
1918年（大正7年）の阿寒新川完成で阿寒川が釧路川から切り離される前の地形図に、釧路川新水路計画を書き入れた地図とみられる。阿寒川は1920年（大正9年）の大洪水で、さらに流路が切り替わり、大楽毛川と合流して大楽毛で海に注いでいる。アイヌ語地名、殖民区画地、当時の河川流域が正確に示されている地図。

泥炭地人力掘削＝1923年（大正12年）8月撮影。鳥取神社所蔵
釧路川治水工事に従事した成田優氏所有のアルバム写真から。「釧路川新水路泥炭地人力掘削ノ実況」というキャプションが添えられている。新釧路川となる新水路の掘削は、泥炭地では人力で行われ、馬も活躍した。

▼6月、釧路川治水工事着工。釧路川新水路の掘削開始。現在の新釧路川沿いに線路が敷設され、機関車と掘削機で掘り進められた。

▼国鉄の根室線が全線開通。釧路本線と根室線を合わせて根室本線と改称される。

1922年（大正11年）

▼1月、釧路郵便局の郵便逓送員・吉良平次郎が殉職。1930年（昭和5年）に「修身」の教科書に掲載される逸話となった。

▼3月、釧路―帯広間の電話が開通。札幌も通話可能となる。

▼4月、尺別村が音別村に改称。

1923年（大正12年）

▼1月、北海炭礦鉄道（後の雄別鉄道）が釧路―雄別炭山間の一般旅客貨物営業開始。

▼**8月1日　市制施行。釧路区から釧路市となる。**

▼4月、釧路商業中学校（釧路中学校に併置された夜間過程）開校。

▼8月、市役所庁舎が幣舞町に完成、移転する。

▽9月1日、関東大震災。北海道への避難民1万6580人。

▼9月、木材搬送のため釧路川河畔に貨物専用の天寧駅が開設される。

▼12月、釧路臨港鉄道設立。

▼12月、富士製紙工場岐線連絡のため、根室本線に新富士駅が開業。

1924年（大正13年）

▼4月、北海炭礦鉄道が三菱鉱業に買収され、雄別炭礦鉄道となる。

▼機船底引き網でスケトウダラが漁獲され始める

1925年（大正14年）

▼2月、釧路臨港鉄道、春採―知人間で営業開始。

▼3月、釧路自動車（後の東邦交通＝くしろバスの前身）設立。市内路線バスの運行始まる。

▼5月、釧路信用組合（後の釧路信用金庫）設立。

▼7月、発動機漁船組合の嵯峨久らが共立魚菜市場を買収し、三鱗共同魚菜市場とする（現在の釧路魚市場の前身）。

▼9月、釧路埼灯台に霧笛が設置される。

▼12月、太平洋炭礦の知人桟橋が竣工、石炭積み出しを開始する。

関東大震災（大正12年9月1日）を伝える釧路新聞号外

内務省は戒厳令を宣告。各地の警察署に治安維持を命じた中に「混乱に乗じた朝鮮人が凶悪犯罪、暴動などを画策しているので注意すること」という内容があった。それが左下の記事のような虚報・デマとなって行政機関や新聞、民衆を通して広まり、官憲や民間の自警団によって、朝鮮人、間違われた中国人や日本人らが大勢殺傷される事件が発生した。

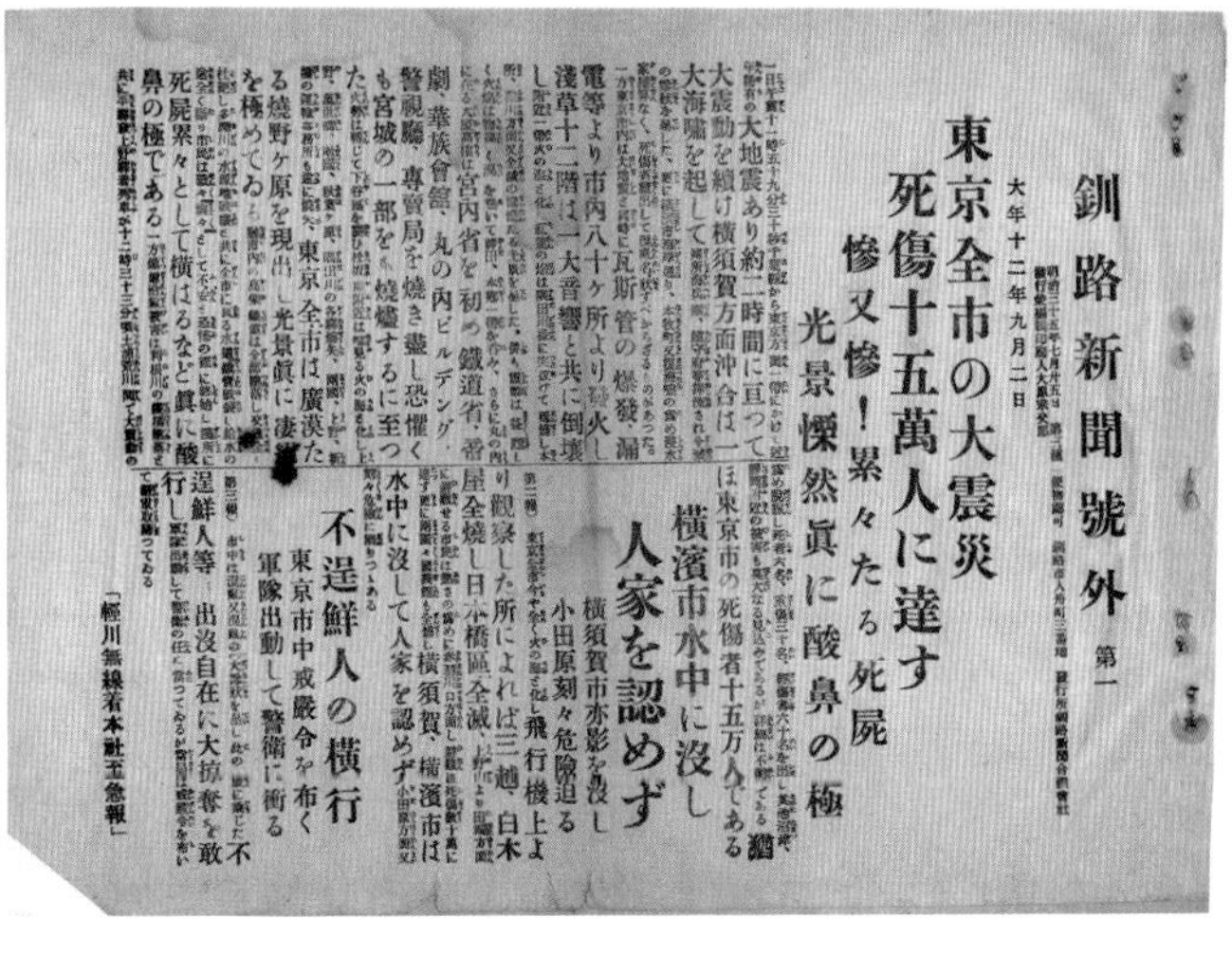

釧路新聞號外 第一

大正十二年九月二日

東京全市の大震災
死傷十五萬人に達す
慘又慘！累々たる死屍
光景慄然眞に酸鼻の極

大地震あり約二時間に亘って
大震動を續け横須賀方面沖合は一
大海嘯を起して
電等より市内八十ヶ所より發火し
淺草十二階は一大音響と共に倒壊
宮内省を初め鐵道省、番
劇、華族會館、丸の内ビルデング・
警視廳、專賣局を燒き盡し恐懼く
も宮城の一部を燒燼するに至つ
た　東京全市は廣漠た
る燒野ヶ原を現出し光景眞に凄愴
を極めてゐる
死屍累々として横はるなど眞に酸
鼻の極である

横濱市水中に沒し
人家を認めず
ほ東京市の死傷者十五万人である
横須賀市亦影を沒し
小田原刻々危險迫る
飛行機上よ
り觀察した所によれば三越、白木
屋全燒し日本橋區全滅
横須賀、横濱市は
水中に沒して人家を認めず

不逞鮮人の横行
東京市中戒嚴令を布く
軍隊出動して警備に衛る
不
逞鮮人等　出沒自在に大掠奪を敢
行し

「[illegible]川無線着本社至急報」

新水路掘削工事＝『躍進くしろ』より転載

1926年（大正15年・昭和元年）

▼釧路港第1期修築工事が竣工。翌1927年には第2期工事着工。

▼12月、釧路警察署が幣舞町（現在の幣舞公園）に移転。

▽12月、昭和に改元。

第2回国勢調査 1925年（大正14年）	
釧路市	42 332人
釧路村	3 502人
鳥取村	4 844人
昆布森村	2 470人
舌辛村	10 305人
白糠村	5 660人
音別村	5 028人
北海道	2 498 679人

庁立釧路中学校＝撮影年不明、北海道新聞社所蔵
1913年（大正2年）開校。現在の釧路湖陵高校。幣舞橋から坂を登った富士見町に校舎があった。

庁立釧路高等女学校＝1923年（大正12年）ごろ撮影とみられる絵はがき。釧路市教育委員会生涯学習課所蔵
1919年（大正8年）開校。現在の釧路江南高校。

新水路掘削工事＝1926年（大正15年）8月撮影、鳥取神社所蔵
釧路川治水工事に従事した成田優氏所有のアルバム写真から。
「新水路中心一里三町ヨリ下流部機械掘鑿（くっさく）ヲ望ム」。

昭和（終戦まで）

1927年（昭和2年）

▼1月、釧路市水道浄水場（鶴ヶ岱浄水場）が完成、給水開始。

▼5月、釧路で初のメーデー行進が行われる。

▼9月、国鉄釧網線の釧路（別保信号所、1929年に東釧路駅となる）—標茶間が開通。

▼12月、北海道拓殖軌道雪裡線（新富士—中雪裡）が開通。

1928年（昭和3年）

▼1月、釧路郵便局が洲崎町（現在の南大通5）に新築移転。

▼9月、嵯峨漁港（現在の釧路副港周辺）埋立工事のため釧路漁港株式会社が設立される。

▼10月、雄別炭礦鉄道が尺別炭鉱を買収。

▼**11月3日、四代目幣舞橋が完成。**

1929年（昭和4年）

▼5月、鳥取橋（初代）が完成。

▼11月、釧路市消防組1部番屋（後の釧路市消防本部）が完成。市内を見渡す鉄塔が完成する。

▼マグロ豊漁。釧路川での氷切りが盛んになる。

1930年（昭和5年）

▼釧路港からアメリカ、イギリスへの雑穀直輸出始まる。

▼5月、新川橋（初代）が完成。

▼6月、官民連合運動会が「市民大運動会」に改称されて開かれる。

▼9月、越後屋呉服店の両角榮治が丸三鶴屋デパートを西幣舞に開店。

▼10月、新釧路川が完成。釧路川からの切り替え通水開始。

第3回国勢調査
1930年（昭和5年）

釧路市	51 586人
釧路村	3 418人
鳥取村	6 990人
昆布森村	2 419人
舌辛村	11 752人
白糠村	6 819人
音別村	6 140人
北海道	2 812 335人

釧路市民大運動会＝1933年（昭和8年）ごろ、釧路市教育委員会生涯学習課所蔵
太平洋炭礦や製紙会社などが繰り広げる応援合戦は、運動会の名物となった。

1931年（昭和6年）

▼6月、栗林商船と三上運送の出資で三ツ輪運輸が設立される。
▼7月、釧路―東京間に市外電話回線が開通
▼9月、釧路川治水工事が竣工。岩保木水門で通水式が行われる。
▼8月、釧路市内の字（町名）地番の改正が告示される。南大通（幣舞町1丁目から真砂町の大部分）、北大通（西幣舞の一部）が新設され、真砂町、茂尻矢、西幣舞などの町名がなくなる。

1932年（昭和7年）

▼9月、釧路畜産組合が新馬種「日本釧路種」を発表。
▼9月、釧路畜産組合が第1回釧路地方競馬を鳥取村10番地で開催。以降1937年（昭和12年）まで年2回、1941年（昭和16年）まで年1回開催され、競馬場のある町名は、後に駒場町となった。

1933年（昭和8年）

▼5月、富士製紙が王子製紙に合併され、釧路工場は王子製紙釧路工場となる。
▼10月、釧路川と新釧路川を結ぶ運河掘削工事が始まる。木材流送などが目的だったが、釧網線の開通などで不要となり、未完のまま工事終了。1960年代に埋め立てられた。

1934年（昭和9年）

▼12月、久寿里橋（初代）が完成。
▼8月、第1回港まつり開催。
▼12月、阿寒が国立公園に指定。
▼12月、知人岬の米町公園に石川啄木歌碑建立。
▼マイワシの水揚げが約2万トンを記録。一方、マグロの水揚げは急減。

1935年（昭和10年）

▼2月、釧路瓦斯（ガス）設立。

第4回国勢調査
1935年（昭和10年）

釧路市	56 170人
釧路村	3 684人
鳥取村	9 034人
昆布森村	2 462人
舌辛村	13 236人
白糠村	7 776人
音別村	5 275人
北海道	3 068 282人

釧路川から新釧路川への切り替え通水の瞬間＝1930年（昭和5年）10月1日、鳥取神社所蔵
成田優氏所有のアルバム写真から。「釧路川ヲ新川ニ切替通水ノ刹那ノ景」という書き込みがあり、工事関係者が切り替え通水の瞬間を撮影した記録写真とみられる。切替作業も人力だった。

1936年（昭和11年）
▼10月、雄別炭礦鉄道が浦幌炭鉱を買収、尺別鉱業所浦幌坑とする。

1937年（昭和12年）
▼4月、舌辛村が分割され、鶴居村が開村。6月、舌辛村が阿寒村と改称。
▼12月、春採湖ヒブナ生息地が国の天然記念物に指定。

1938年（昭和13年）
▼3月、釧路畜産組合が新馬種「奏上釧路種」を発表。
▼4月、雄別炭礦で雄別通洞が開通し、全ての坑口が一本化された。
▼7月、NHK釧路放送局が本放送を開始。
▼9月、嵯峨漁港に釧路魚卸売市場本場が新築・竣工し、入舟町魚市場は廃止される。

1939年（昭和14年）
▼11月、愛国飛行場の開場式が行われる。
▼7月、太平洋炭礦の港頭ローダーと高架桟橋が完成。
▼マダラ、スケトウダラの水揚げ4万5千トンを記録。

1940年（昭和15年）
▽10月、大政翼賛会発足。
▼太平洋炭礦の年間出炭量が初めて100万トンを突破。

第5回国勢調査
1940年（昭和15年）

釧路市	63 180人
釧路村	6 825人
鳥取村	10 651人
昆布森村	2 487人
阿寒村	13 140人
鶴居村	4 543人
白糠村	9 411人
音別村	6 859人
北海道	3 272 718人

1941年（昭和16年）
▽4月、国民学校令により各小学校が国民学校と改称。
▼5月、庁立釧路工業高校の校舎落成。
▽12月8日、太平洋戦争開戦。

1942年（昭和17年）
▼11月、新聞統合で釧路新聞社、北海タイムス社など11紙が統合。釧路新聞社は北海道新聞釧路支社となる。

1943年（昭和18年）
▼4月、戦力増強重点生産方針により、釧路炭田の中小炭鉱が閉鎖され、8炭山だけに整理統合される。

1944年（昭和19年）
▼6月、鳥取村に町制施行。鳥取町となる。
▼4月、釧根地域と美幌の乗合旅客自動車業8社が統合され東邦交通

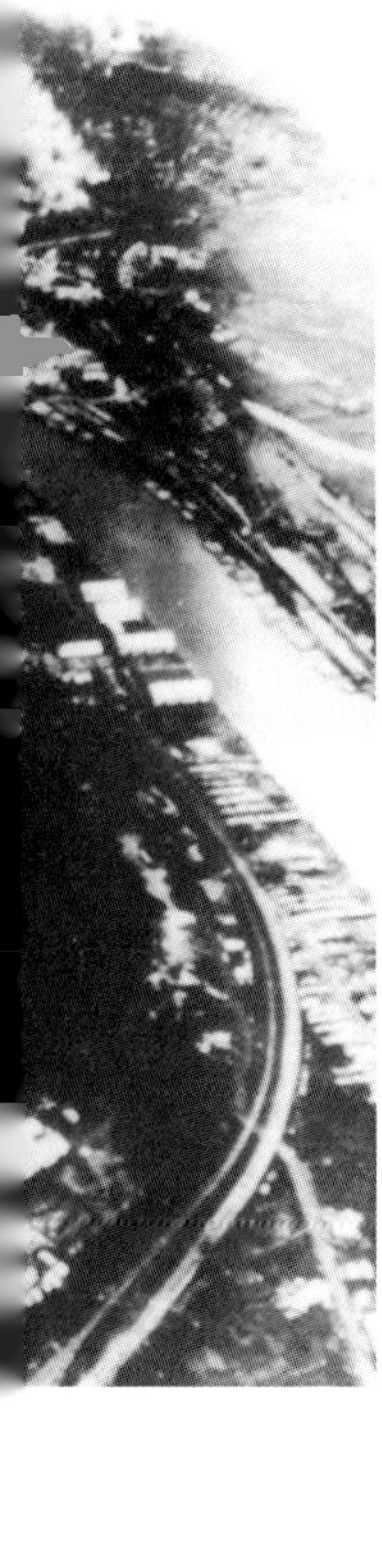

釧路市東栄国民学校＝1944年（昭和19年）7月、北海道新聞社

1945年（昭和20年）

（後のくしろバス）設立。

▼8月、8炭山のうち、太平洋、雄別、庶路の3炭鉱を保坑とし、残る5炭鉱を休山にする。炭鉱マンのほとんどは九州などの炭山へ配転。

▼9月、極洋捕鯨釧路事業場が南浜町で操業開始。

▽3月10日、東京大空襲。死傷者12万人。

▽6月、沖縄戦。戦死9万人、一般死者10万人。

▼7月14、15の両日、米軍艦載機延べ141機が8波にわたって釧路を空襲。釧路市・鳥取町で死者193人、負傷者273人。沿岸漁船での死者・行方不明28人。

▽8月6日、広島に原爆投下。推定死者数9万～16万人超。

▽8月9日、長崎に原爆投下。推定死者7万人以上。

▽8月15日　ポツダム宣言受諾・無条件降伏。9月2日、大日本帝国政府が降伏文書に調印し、太平洋戦争終結。

▼9月　太平洋、雄別、庶路の3炭鉱が生産再開。

▼10月、進駐軍が釧路入り。約100人が約2カ月間駐留した。南大通の富士屋旅館が接収され、将校・下士官の宿舎となった。

▼10月、国鉄釧路工機部従業員組合結成（全国初の国鉄労組結成）。11月には春採炭鉱労働組合（翌年、太平洋炭鉱労組に改組）、12月には雄別炭鉱労組も結成。翌年にかけ、各企業に次々と労働組合が結成された。

日進国民学校の鶏小屋づくり
＝1943年（昭和18年）5月、
北海道新聞社

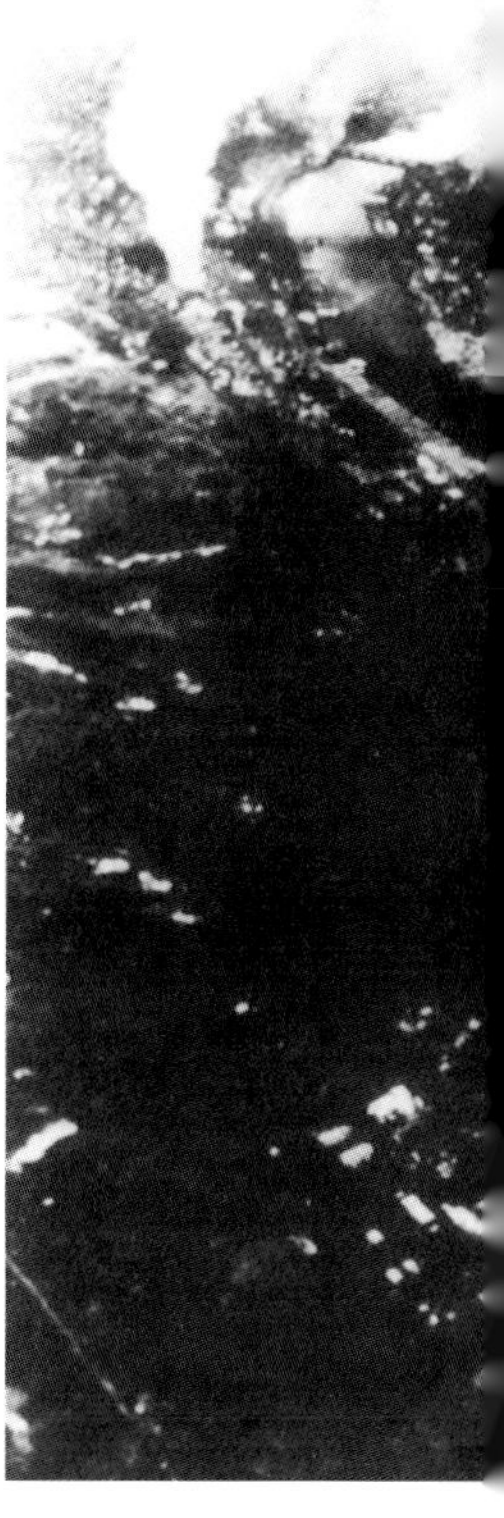

釧路空襲＝1945年（昭和20年）7月
㊨は空襲を受ける釧路市街＝米軍撮影、北海道新聞社所蔵（原本は米国国立公文書館蔵）
㊤は空襲で焼け野原となった北大通界隈。左手前は幣舞橋（四代目）＝北海道新聞社所蔵（複製）

KUSHIRO AIRPORT
KUSHIRO MURA
TOTTORI MURA
KUSHIRO GAWA
BETTOMAE
HAMAMACHI
MATSUURACHŌ
Kushiro Station
MIDORIGAOKA
BEPPO
KUSHIRO KŌ
HARUTORI NUMA
CHIYOGAOKA PASTURE
MUSA
MIYAMOTOCHŌ
KASHIWAGICHŌ
BENTENGAHAMA
Crematory
SHIUNDAI
OKOTSU
RO
E, HOKKAIDO, JAPAN
GLOSSARY
INDEX TO SOURCES

米陸軍が作成した終戦時の釧路地図＝1945〜1946年、旧・米国陸軍地図局（U.S. Army Map Service　略称AMS）作成「JAPAN CITY PLANS」より　米国・テキサス大学図書館公開資料

JAPAN CITY PLANSは、終戦後の米占領下で、AMSが作成した日本の主要都市地図。原図の縮尺は12500分の1。「陸軍および海軍省庁専用・非売品」と記されており、釧路の地図が作成されていることからも、米軍が釧路を道東の重要拠点と認識していたことが分かる。㊤は地図のうち幣舞橋付近を拡大した。地図には、鉄道、橋、道路、建物などが詳細に記されており、釧路駅や浜釧路駅（貨物専用）、王子製紙釧路工場などは建物の棟数や大きさ、線路の本数なども分かる。作成年としてクレジットされているのは1946年。しかし、1943年（昭和18年）に「村」から「町」に昇格した鳥取が「TOTTORI MURA」となっていたり、「米町」が「KOMECHO」となっているなど興味深い点も多い。

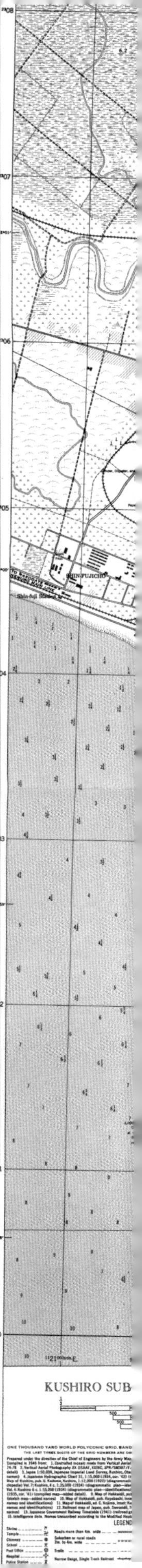

昭和（戦後〜昭和64年）

1946年（昭和21年）

▽4月、初の女性参政権による戦後初の総選挙。

▼5月、戦後初のメーデー。釧路では3500人が参加。

▼6月、戦時中開催できなかった市民大運動会が再開（第29回）。

▼9月、釧路馬匹組合主催の「釧路種馬一千頭共進会」が大楽毛家畜市場で開かれる。一千頭共進会は1952年（昭和27年）にも開催され、「馬産王国」としての名を全国に広めた。

▼11月、「東北海道新聞」（現在の「釧路新聞」の前身）創刊。

1947年（昭和22年）

▽5月、日本国憲法、地方自治法など施行。学校は六・三制が始まる。

▼5月、雄別炭礦鉄道が三菱鉱業から分離独立。

▼6月、第30回市民大運動会で仮装行列が復活。

第6回国勢調査
1947年（昭和22年）

釧路市	61 421人
釧路村	4 316人
鳥取町	12 100人
昆布森村	2 392人
阿寒村	15 004人
鶴居村	4 704人
白糠村	13 177人
音別村	7 395人
北海道	3 852 821人

1948年（昭和23年）

▼4月、新制高等学校発足により、釧路中学校が釧路高校、釧路高等女学校は釧路女子高校、釧路工業学校は釧路工業高校、釧路実科高等女学校は市立釧路高等女学校（1950年閉校）となる。

▼5月、雄別鉄道の鳥取支線が開通。

▼5月、日本郵船の雲仙丸が釧路—東京間の定期航路に就航。

▼6月、市設魚揚場が錦町に完成、業務開始。釧路市漁協（5月）、釧路市東部漁協（6月）設立。

1949年（昭和24年）

▼6月、二代目の鳥取橋が完成。

▼8月、王子製紙が、苫小牧製紙、本州製紙、十條製紙に3分割され、釧路工場は十條製紙釧路工場となる。

市民大運動会の仮装行列＝1958年6月15日、真砂町倶楽部所蔵

第41回市民大運動会の仮装行列に「花吹雪赤穂浪士の討ち入り」に扮して参加した北大通の第一商店街店主たち。釧路駅を出発して、城山にあった市営グラウンドまで練り歩いた。「四十七士」の背景に見えるのは北大通4丁目東側の裏通り。道楽パチンコや鳥村折箱店などが並んでいた。通りをはさんだ末広町4丁目は映画館や飲食店が軒を連ねる繁華街。当時、北大通や南大通の商店街が日曜日に店を閉めるのは市民大運動会の日だけ。街をあげての大イベントだった。

1950年（昭和25年）

▼8月、北海道学芸大学（現在の北海道教育大学）釧路分校が開学。

▼**10月10日、釧路市（1万4826戸、7万1731人）と鳥取町（2638戸、1万3449人）、白糠村の一部（37戸、308人）が合併し、新しい釧路市となる。**

▼11月、太平洋炭礦の興津坑の出炭が始まり、別保坑が閉鎖。

▼マサバ巻き網漁の水揚げが約3万7000トンとなる。

▼4月、釧路高校が釧路湖陵高校に、釧路女子高校が釧路江南高校に改称され、男女共学になる。市立高等家政学院（後の釧路星園高校）が学芸大学の一部を仮校舎として開校（翌1951年新校舎に移転）。

▼7月、釧路鮮魚介出荷共同組合（ミツウロコ）、釧路市漁協、釧路冷蔵商事の3卸売市場が発足。

▼7月、釧路市立高校（定時制）が釧路富士見高校に改称。

▼11月、白糠に町制施行。白糠町となる。

第7回国勢調査
1950年（昭和25年）

釧路市	93 357人
釧路村	5 110人
昆布森村	2 732人
阿寒村	17 779人
鶴居村	4 750人
白糠村	16 711人
音別村	9 667人
北海道	4 295 567人

1951年（昭和26年）

▼4月、釧路富士見高校雄別分校が村立阿寒高校となる。尺別に釧路湖陵高校音別分校（定時制）設置。富士見高校が湖陵高校定時制となる。

▼10月、釧路市警察署が黒金町に庁舎新築して移転。

▼大洋漁業、日本冷蔵、日魯漁業の各水産工場が操業開始。戦前からの極洋捕鯨、日本水産と合わせて5大水産会社の拠点が釧路にそろう。

1952年（昭和27年）

▼3月4日、十勝沖地震（M8・2）発生。千代ノ浦、音別で2メートルを超す津波。太平洋炭礦ではズリ山崩落などで死者15人。釧路港北埠頭壊滅。久寿里橋は大破損。

▼3月、タンチョウ、マリモが国の特別天然記念物に指定される。

十勝沖地震の爪跡＝1952年3月7日、北海道新聞社
㊤崩れ落ちたズリ山で押しつぶされた家屋。
㊨釧路港の埠頭も大被害を受けた。

▼4月、北洋漁業再開。

▼10月、日本銀行釧路支店が開設。

▼11月、北海文学同人会が「北海文学」創刊。

1953年（昭和28年）

▼2月、東北海道新聞社が北海タイムス社と提携、「東北海道新聞」の題号が消える。

▼4月、釧路商業高校が開校（東中学校の仮校舎）。前年度開校した市立鶴ヶ岱高校（定時制）を併設。翌1954年1月、仮校舎から新橋地区へ移転、1955年に鶴ヶ岱高校は閉校。釧路商業高校は1978年に昭和地区へ移転。跡地に釧路養護学校が開校した。

▼12月、東邦交通が観光バス部門を分離し、阿寒バスを設立。

1954年（昭和29年）

▼5月、釧路港が北洋サケマス独航船の基地となる。

▼8月、太平洋炭礦でガス爆発、死者39人。

▼10月、二代目の久寿里橋が完成。

▼11月、太平洋炭礦職域生活協同組合（後の釧路生協）が発足。

▼12月、釧路商工信用組合が設立。

1955年（昭和30年）

▽1月、釧路村と昆布森村が合併、釧路村となる。

▼4月、星園家政専門学校が釧路家政高校に昇格（翌1956年に釧路星園高校に改称）。

▼6月、「北海文学」で原田康子さんの「挽歌」の連載始まる。

▼11月19日、雌阿寒岳噴火。

▼12月、現在の「釧路新聞」が創刊。

1956年（昭和31年）

▼4月、釧路機船底曳網漁協が釧路機船漁協に改称。

第8回国勢調査
1955年（昭和30年）

釧路市	119 536人
釧路村	7 643人
阿寒村	20 586人
鶴居村	4 824人
白糠町	17 412人
音別村	9 900人
北海道	4 773 087人

㊨タンチョウ、㊦マリモ
＝いずれも北海道新聞社

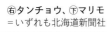

▼10月、HBC釧路放送局開局。民放初のラジオ放送開始。
▽原田康子著『挽歌』が東都書房から刊行され、ベストセラーとなる。
▼サンマ大豊漁。
▼釧路港の移輸入貨物量が開港以来初めて200万トンを超える。

1957年（昭和32年）

▼1月、阿寒に町制施行。阿寒町となる。
▽2月、原田康子さんが『挽歌』で女流文学賞を受賞。6月には映画「挽歌」のロケが市内を中心に行われる。
▼4月、釧路北陽高校が大町の旧電話局を仮校舎に開校。
▼8月、雄別鉄道が旅客専用ディーゼルカーの運行開始。
▼11月、北海道新聞釧路支社が大町から北大通2丁目へ移転。

1958年（昭和33年）

▼1月、釧路湖陵高校が釧路勢初のアイスホッケー全国優勝を果たす。
▼1月、売春防止法施行（4月1日）を前に、米町遊郭が解散。
▼4月、三代目の鳥取橋が完成。
▼7月、釧路市公民館が新築オープン。
▼7月、大楽毛の本州製紙釧路工場、建設着工。
▼8月、丹頂鶴自然公園が開園。
▼11月、釧路港副港の市設魚揚場の中央・左翼棟が完成。

1959年（昭和34年）

▼1月、音別に町制施行。音別町となる。
▼5月、鳥取町主畜農協が釧路市農協に改称。
▼5月、第1回サクラまつりが鶴ヶ岱公園で開催。
▼9月、雄別炭礦鉄道が鉄道部門を分離し、雄別鉄道を設立。
▼9月、釧路港副港魚揚場の右翼棟が完成し、副港の全面供用開始。
▼10月、本州製紙釧路工場が完成。
▼12月、愛国浄水場が完成、給水開始。
▼12月、釧路江南高校の鉄筋コンクリート新校舎が光陽町に完成、移転。
▼12月、NHK釧路放送局がテレビ本放送を開始。

『挽歌』がベストセラーとなったころの原田康子さん＝1957年ごろ、出世坂から幣舞橋を一望する現在の幣舞公園にて　北海道立文学館所蔵

「北海文学」合評会＝1958年12月、北海道立文学館所蔵
「北海文学」合評会は、当時、同誌を主宰する鳥居省三さんの勤務していた市立釧路図書館の一室でもたれていた。中央煙筒の左は鳥居さん、その右が原田康子さん。

1960年（昭和35年）

▼4月、希望学園・釧路第一高校が旧江南高校校舎を仮校舎として開校。
▽5月、チリ地震津波。釧路市内では漁船100隻損壊などの被害。
▼8月、国鉄釧路操車場（ヤード）の全面使用開始。
▼8月、2階建6棟を一体化した和商市場が完成、店開き。
▼10月、釧路空港の滑走路が完成。北日本航空の札幌（丘珠）―釧路便が運航開始。
▼11月、駅前市場が完成、店開き。
▼太平洋炭礦の出炭量が戦後初めて100万トンを突破。
▼北海道水産試験場がスケトウダラの冷凍すり身技術を開発。

第9回国勢調査
1960年（昭和35年）

釧路市	150 624人
釧路村	7 337人
阿寒町	20 997人
鶴居村	4 540人
白糠町	20 770人
音別町	9 907人
北海道	5 039 206人

1961年（昭和36年）

▼4月、市が北大通拡幅を柱とする都市改造事業に着手。
▼6月、尺別炭鉱専用鉄道が地方鉄道に昇格、尺別鉄道に改称。
▼7月、釧路空港の正式供用開始。
▼7月、浜釧路駅が黒金町から幸町へ移転・駅舎新築。
▼7月、釧路江南高校野球部が北北海道大会で優勝、夏の甲子園大会初出場（釧根地区から初出場）。
▼7月、市内で初のプールが鶴ヶ岱公園にオープンする。
▼8月、鉄筋コンクリート造の釧路駅が供用開始。9月には地下の「釧路ステーションデパート」、2階の日本食堂などがオープン。

1962年（昭和37年）

▼5月にHBC釧路局、8月にSTV釧路局がテレビ本放送を開始。
▼8月、太平洋炭礦が春採坑と興津坑を統合。
▼10月、国鉄が釧路―函館間に特急「おおぞら」の運行開始。
▼11月、北転船による北洋海域の底引き網漁業が始まる。

霧の都のビアガーデン＝1962年7月、北海道新聞社
釧路川沿いの高台にできたビアガーデンの風景。1962年7月29日朝刊掲載

1963年（昭和38年）

▼12月、釧路駅の通り抜け地下道開通。
▼4月、釧路工業高校に定時制併置。
▼11月、釧路臨港鉄道、全線で旅客営業を廃止。
▼12月、釧路農協ビルが新橋大通に完成、農協ストア開店。
▼12月、釧路港副港の第二魚揚場完成。

釧路江南高校の甲子園出場を祝うパレード＝1961年7月23日、北大通、真砂町倶楽部所蔵
釧根地区から初の甲子園出場に街中が沸いた。パレードの奥には、北大通3丁目東側の街並み。「平和市場」の看板が見える。釧路江南高校の甲子園初陣は、初戦の福岡高校（岩手県）に6－7で惜敗。1966年にも再び甲子園に出場し、小倉工業高校（福岡県）に延長の末1－3で敗れた。

くしろデパート＝1966年、北海道新聞社
1964年開業。地下1階地上6階、延べ床面積6800平方メートル。開業当初は食料品や呉服店、洋品店、金物店、喫茶店など52のテナントが入居し、大勢の買い物客でにぎわった。屋上には観覧車やゴーカートなどの遊園地が設置され、子どもたちに人気だった。

釧路空港と北日本航空機
＝1969年10月撮影、北海道新聞社（11月4日朝刊掲載）
北日本航空のコンベア機。丘珠飛行場と釧路空港を結んだ。釧路空港に東京直行便が就航するのは1967年。1973年には1800メートル滑走路が供用開始となってジェット機も就航。空港ビルも完成した。

1964年（昭和39年）

▼4月、釧路第一高校の新校舎が愛国に完成、仮校舎から移転。釧路女子短期大学（1973年に釧路短期大学に改称し、高校とともに男女共学化）と付属高校が開校。

▼7月、釧路市消防署に初めて救急車配置。救急搬送業務を開始する。

▼11月、平和市場が協業化した寄り合い百貨店「くしろデパート」が北大通に開店。

▼11月、釧路郵便局の新庁舎が幸町に完成。

1965年（昭和40年）

▼1月、全国高校スケート選手権で釧路第一高校が男子総合優勝。この年から1970年まで6連覇を果たす。

▼2月、第1回くしろ氷まつりが開催。

▼4月、北海道学芸大学釧路分校が四年制大学に昇格。釧路工業高等専門学校（釧路高専）が開校。

▼5月、十條サービスセンターがオープン

▼7月、鳥取土地区画整備事業で仁々志別川を直線化。昭和橋が完成。

▼8月、柳町プールがオープン。

▼10月、共栄小学校が新富士海岸で行った炊事遠足で、海岸に漂着した旧日本軍の爆発物が爆発。死者4人、重軽傷32人。

▼11月、旭跨線橋が完成。

▼12月、北大通に道銀ビルがオープンする。

▼12月、市役所と消防本部の新庁舎が黒金町に完成。移転する。

▼12月、家畜市場が大楽毛駅前から阿寒町の畜産センターへ移転。

第10回国勢調査
1965年（昭和40年）

釧路市	174 105人
釧路村	6 584人
阿寒町	19 474人
鶴居村	3 835人
白糠町	18 295人
音別町	9 070人
北海道	5 171 800人

1966年（昭和41年）

▼3月、東映ホテルに市内初のボウリングセンターがオープン。

氷まつり＝1968年2月、北海道新聞社
1965年から栄町平和公園会場をメイン会場に行われた釧路の冬の祭典。2011年に釧路フィッシャーマンズワーフMOO会場で行われたのを最後に、2012年から「くしろ冬まつり」に衣替えした。

1967年（昭和42年）

▼8月、釧路町木場に、釧路川の水面貯木場（24万平方メートル）と木材工業団地が完成。
▼10月、旭橋が完成。
▼1月、雄別鉄道の新釧路―水面貯木場間の公共臨港線が開通。
▼5月、釧路空港から東京直行便が運航開始。
▼5月、国が新釧路川を「釧路川」、岩保木水門より下流の釧路川を「旧釧路川」に改称。
▼7月、釧路商業高校が全道高校女子バレーボール大会で優勝（1969年まで3連覇）。
▼7月、第50回市民大運動会に60チームが参加、観客3万人でにぎわう。
▼8月、鶴居村営軌道が運行中止となり、釧路市内の線路を撤去。
▼10月、釧路港中央埠頭に道内2番目のチップヤード完成。
▼11月、オリエンタルデパートがオープン。

1968年（昭和43年）

▼1月、雄別鉄道の鳥取信号所が雄鉄昭和駅に改称。
▼3月、鶴居村営軌道廃止。
▼6月、丸三鶴屋デパートの新館オープン。
▼7月、釧路オリエンタルホテルがオープン（現在のプリンスホテルの場所）。

1969年（昭和44年）

▼1月、全市の新住居表示が1月から順次実施。
▼1月、釧路新聞社の社屋が白金町から黒金町に移転。
▼3月、十條製紙釧路工場の自家火力発電が完成。
▼4月、釧路湖陵高校に理数科設置。
▼5月、太平洋スカイランド本館がオープン。
▼11月、HTB釧路放送局が本放送を開始。
▼12月、釧路西港第1期工事着工。
▼釧路港の水揚げ量が52万9700トンで初の日本一となる。
▼太平洋炭礦の出炭が初めて200万トンを突破する。

旭跨線橋完成＝1965年11月9日掲載、北海道新聞社「橋北・駅裏地区をがっちり結んだ旭立体橋」というキャプションで完成を報じた。

1970年（昭和45年）

▼**2月、雄別炭礦が解散。雄別、尺別、上茶路3鉱が閉山となる。4月には雄別鉄道、尺別鉄道も廃止。**

▼6月、太平洋スカイランドの温水プールオープン。

▼9月、くしろデパート屋上の観覧車が取り壊される。

▼10月、釧路そうごデパート開業。

▼11月、太平洋関連企業が太平洋興発に統合され、石炭採掘事業の太平洋炭鉱が分離独立する。

第11回国勢調査 1970年（昭和45年）	
釧路市	191 948人
釧路村	7 492人
阿寒町	8 598人
鶴居村	3 015人
白糠町	15 482人
音別町	4 247人
北海道	5 184 287人

1971年（昭和46年）

▼3月、映画館、ボウリング場、商店などの「6丁目ビル」オープン。

▼3月、北海道警察釧路方面本部と釧路署の合同庁舎が黒金町に完成し、方面本部が幣舞町から移転（釧路署は前年移転）。

▼12月、柳町スピードスケート場（パイピングリンク）がオープン。

▼12月、鶴丘市民スキー場のリフトが完成、正式オープン。

1972年（昭和47年）

▼4月、太平洋生協と太平洋商事の店舗が統合、釧路生活協同組合が設立する。

▼4月、釧路―東京間カーフェリーが就航する。

▼10月、UHB釧路放送局が本放送開始。

▼11月、釧路大橋（国道38号）が完成、開通式。

1973年（昭和48年）

▼4月、釧路女子短大が釧路短大に改称、附属高校が男女共学になる。

▼6月、本州ストアが本州ハイマートを開店。

▼8月、栄町噴水公園の通水開始。

▼10月、第1回釧路湿原マラソンが開催。

▼11月、釧路市中央卸売市場が完成。

北海道新聞 夕刊 昭和45年(1970年)2月5日 (木曜日) 第9888号 (日刊)

社党 再建へ拡大中央委開く

基本路線

成田委員長 体質改革も強調

米大統領、ソ連に回答

中東問題 武器禁輸を提唱か

雄別の閉山確定的

通産省、再建不能と判断

四校を巡回演奏

米中会談 20日続開

北海道新聞 昭和45年2月26日 (木曜日) (12)

釧路版

閉山に暗い雄別三山

一斉にたたき売り

在庫一掃の各商店

1974年（昭和49年）

▼12月、釧路空港の1800メートル滑走路と空港ビルなどが完成、初のジェット機が就航。
▼4月、釧路星園高校が武佐へ移転。
▼4月、東日本学園大学（現在の北海道医療大学）の音別キャンパス（教養部）が開学。
▼5月、十條製紙アイスホッケー部の日本リーグ加盟が承認される。
▼12月、釧路西港への入港第1船が石油桟橋に接岸。西港が正式に供用開始となる。

1975年（昭和50年）

▼5月、第1回チューリップフェア（現・くしろチューリップ&花フェア）が鶴ヶ岱公園などを会場に開かれる。
▼7月、幣舞橋の架け替えのため、仮橋が開通。9日から四代目幣舞橋の解体工事始まる。
▼8月、第1回千灯祭が開かれる。
▼8月、愛国ニュータウン造成工事始まる。
▼8月、釧路西港第1埠頭10メートル岸壁完成。
▼10月、釧路市動物園が開園。
▼10月、フェリーターミナルが北埠頭から西港へ移転。
▼11月、旧十條ボウルを改装して十條アイススケートセンターが開設。釧路で初のアイスホッケー日本リーグ公式戦が行われる。
▼国勢調査で市の人口が20万6689人となり、20万都市となる。

第12回国勢調査 1975年（昭和50年）	
釧路市	206 840人
釧路村	9 818人
阿寒町	8 303人
鶴居村	2 651人
白糠町	14 897人
音別町	4 037人
北海道	5 338 206人

くしろチューリップ&花フェア＝2006年5月、鶴ヶ岱公園、北海道新聞社

くしろ千灯祭＝2003年、北海道新聞社
1975年から2004年まで毎年8月15日に合わせて地元有志が開いた祭り。釧路川を見下ろす幣舞公園の斜面に、先人への感謝の気持ちを込め数百本のろうそくで「心」の文字を描いた。

1976年（昭和51年）

▼1月、石黒ホーマの1号店が中園町にオープン。
▼4月、音別町に大塚製薬工場の釧路工場が完成、操業開始。
▼4月、長崎屋釧路店がオープン。
▼**11月、五代目幣舞橋が完成。**

1977年（昭和52年）

▼2月、釧路市民生協初の大型ショッピングセンター桜ヶ岡店オープン。
▼5月、五代目幣舞橋に四季の像が建立。
▼10月、鳥取北橋が人道橋から歩行者自動車道に架け替えられて開通。

釧路市動物園＝北海道新聞社
釧路市動物園は1975年10月に開園。住所は阿寒町で、総敷地面積47.8ヘクタールは開園当時、国内最大の面積だった。人気者はアフリカゾウ。㊤1977年４月１日掲載。㊦1976年10月２日掲載。

1978年（昭和53年）

▼釧路港水揚げ量88万9千トンで9年連続日本一、金額でも881億円で初の日本一となる。
▼1月、釧路商業高校が昭和に移転。
▼3月、釧路第一高校廃校。
▼3月、太平洋炭礦の1977年度出炭量が260万9632トンを記録。最終的に太平洋炭礦の最高記録となった。
▼7月1日～8月20日、釧路西港を会場に「北海道こども博覧会」（釧路新聞社主催）が開催される。6棟のパビリオンのほか遊園施設「プレイランド」が併設された。会期終了後、遊園施設は釧路市動物園に移設・移管され、動物園遊園施設となった。

1979年（昭和54年）

▼8月、港まつりで初の歩行者天国が行われる。
▼釧路港水揚げ量日本一が連続9年でストップ。八戸港に次ぎ2位。
▼2月、釧路湿原がラムサール条約に加盟することが閣議決定される。
▼4月、太平洋石炭販売輸送が釧路臨港鉄道を吸収合併。
▼9月、十條製紙、本州製紙で古紙再生プラントが操業開始。
▼11月、柳町アイスホッケー場がオープン。釧路市民文化会館も落成。
▼釧路港の水揚げ量再び日本一（1991年まで13年連続日本一）。

1980年（昭和55年）

▼4月、釧路北高校が、旧・第一高校校舎を改装して開校。
▼6月、釧路そうごデパートがオクノ釧路店に改称。
▼7月、音別町に、大塚食品釧路工場が完成。操業開始。
▼8月、ぬさまい公園に全国一大きい花時計が設置。
▼10月、北海道新聞釧路支社が北大通2から黒金町11へ移転。

第13回国勢調査
1980年（昭和55年）

釧路市	214 694人
釧路町	13 123人
阿寒町	8 148人
鶴居村	2 638人
白糠町	14 514人
音別町	4 392人
北海道	5 575 989人

釧路市動物園の遊園地＝北海道新聞社
北海道こども博覧会の遊具が釧路市動物園に移設され、動物園内に遊園地が開園。道東初のジェットコースター（㊨、1979年撮影）も大人気だった。ジェットコースターはその後「ＳＬコースター」に機種変更、親子連れを長年、楽しませたが、2009年に廃止。2010年にレールも撤去された。㊦は2006年４月23日撮影、大勢の親子連れでにぎわう「春の遊園地まつり」。

1981年（昭和56年）
▼7月、北大通商店街のパステルタウンがオープン。
▼7月、新橋大通にイトーヨーカドー釧路店がオープン。
▼11月、三代目の久寿里橋が完成。

1982年（昭和57年）
▼10月、千代ノ浦海岸が第1種漁港に指定され、漁港建設が始まる。
▼10月、「出世坂」改修事業が完成。

1983年（昭和58年）
▼4月、財団法人「前田一歩園財団」が発足。
▼4月、釧路西高校が開校。
▼9月、国際規格のリンクを備えた春採アイスアリーナが完成。
▼11月、釧路西港第2埠頭に供用開始第1船が入港。
▼釧路港水揚げ量が日本初の100万トンを突破（114万トン）。

1984年（昭和59年）
▼1月、「アイヌ古式舞踊」（阿寒アイヌ民俗文化保存会と春採アイヌ古式舞踊釧路リムセ保存会）が国の重要無形民俗文化財に指定される。
▼1月、たんちょう国体が行われる。
▼6月、鳥取神社境内に鳥取百年館が完成。
▼釧路港の年間貿易額が初めて1千億円を突破（1036億4千万円）。

1985年（昭和60年）
▼5月、釧路市出身の建築家毛綱毅曠さんが、釧路市立博物館、釧路市湿原展望台の設計で日本建築学会賞を受賞。
▼7月、第1回霧フェスティバルが開かれる。
▼8月、東日本学園大学が音別キャンパスを閉鎖。
▼9月、新富士水産物地方卸売市場が開場、錦町魚市場は閉鎖。

第14回国勢調査
1985年（昭和60年）

釧路市	214 541人
釧路町	15 942人
阿寒町	7 931人
鶴居村	2 856人
白糠町	14 105人
音別町	3 625人
北海道	5 679 439人

1986年（昭和61年）
▼5月、釧路港副港にくしろ水産センターオープン。
▼6月、毛綱毅曠さんが設計した東中学校の新校舎が竣工（2004年

霧フェスティバルのレーザーショー＝2001年7月20日、北海道新聞社
メインイベントの霧レーザーショー。1985年に始まり、霧のマチ・釧路のイベントとして全国的に有名になった。2004～2005年はくしろ港まつりと同時開催した。

春採湖を一望する高台に立つ釧路市立博物館＝2005年7月19日、北海道新聞社

に弥生中学校と統合し、幣舞中学校の校舎となった）。
▼11月、芦野ニュータウン竣工。
▼12月、釧路港の東と西を結ぶ西港大橋が完成。

花まつりの稚児行列＝1973年６月３日、北海道新聞社
花まつりは本来４月８日だが、釧路では６月初旬に開くのが習わし。戦前は、市民大運動会、厳島神社例大祭と並ぶ三大行事とされていたという。戦後も「釧路花まつり会」が６月第一日曜に米町公園で花まつり会を開き、華やかな稚児行列が南大通や米町界隈を歩いた。小学生や幼児たちが着物姿で冠や烏帽子をまとい、しずしずと行進する稚児行列は人気だったが、車の往来が増えて車道の使用が難しくなったことなどから1980年代ごろに姿を消した。

厳島神社例大祭の神輿渡御＝2005年７月９日、北海道新聞社
釧路の初夏を彩る厳島神社の例大祭。神輿渡御は本祭のメインイベントだ。米町の厳島神社を朝、出発し、鶴ヶ岱、北大通、共栄大通など市内中心部を約８時間かけて威勢の良い掛け声と共に練り歩く。神輿が巡行するコースは20キロに及ぶ年もある。

1987年（昭和62年）

▽4月、国鉄分割・民営化によりJR北海道（北海道旅客鉄道）が開業。

▼7月、釧路湿原が国立公園となることが官報に告示される。9月には釧路湿原国立公園指定記念式典が釧路市民文化会館で行われた。

▼12月、釧路町桂木に大型店「ホクホー釧路店」オープン。1992年に「ニチイ釧路店」へ店名変更。1994年に業態変更し「釧路サティ」、「ポスフール釧路店」を経て2011年から「イオン釧路店」となった。

1988年（昭和63年）

▼**釧路港水揚げ量133万トン。**2020年現在の最高記録。

▼3月、JR武佐駅が開業。

▼4月、釧路公立大学が開学。

▼11月、貝塚大橋完成。

建設が進む釧路公立大学＝1987年12月、北海道新聞社

釧路湿原国立公園誕生を祝う＝1987年、北海道新聞社
㊤釧路市役所正面に張り出された横断幕＝6月
㊦国立公園誕生を祝うパレード＝1987年7月31日夜、北大通。くしろ港まつり初日、大漁ばやしの山車を先導する形でお祝いのパレードを行った。

平成

1989年（昭和64年・平成元年）

▽1月、平成に改元。
▼5月、東邦交通がくしろバスに社名変更。
▼7月、釧路フィッシャーマンズワーフMOOオープン。
▼7月、鳥取ドームが鳥取十号公園に完成。
▼7月、JRが貨物専用の浜釧路駅を廃止、貨物業務は新富士駅へ移管。
▼10月、JR大楽毛駅舎が改築オープン、釧路市大楽毛支所が入居。
▼12月、釧路空港の2300メートル滑走路が供用開始。
▼12月、米町の旧田村邸が「米町ふるさと館」としてオープン。

1990年（平成2年）

▼3月、協同組合くしろデパートが、愛称「KOM」として新装開店。
▼5月、釧路西港の新フェリーターミナル完成、新造フェリー「サブリナ」が初入港。
▼9月、釧路湖陵高校の新校舎が緑ヶ岡に完成。

第15回国勢調査
1990年（平成2年）

釧路市	205 639人
釧路町	19 008人
阿寒町	7 272人
鶴居村	2 829人
白糠町	13 301人
音別町	3 512人
北海道	5 643 647人

1991年（平成3年）

▼4月、釧路短大附属高校が釧路緑ヶ岡高校へ校名変更。
▽6月、日本がサケ・マス公海沖取り禁止受け入れを表明。
▼10月、貝塚跨線橋が完成。12月には鶴見橋が完成、緑ヶ岡トンネルも開通。

1992年（平成4年）

▼4月、鳥取温水プールがオープン。
▼7月、釧路―札幌間で3社共同の都市間バス運行開始。
▼11月、釧路市生涯学習センターオープン。
▼前年まで13年連続日本一だった釧路港の水揚げ量が全国2位となる。

釧路サティ＝1999年４月、北海道新聞社
釧路町桂木の「釧路サティ」（現在のイオン釧路店）は1994年オープン。道東最大の売り場面積で1990年代後半、道内スーパー店舗で売上高トップを誇った。2000年にはシネマコンプレックスもオープンした。このエリアには、ホーマックの木場店など多くの大型店が集積。釧路の商業・レジャーの中心的存在となった。

1993年（平成5年）

▼1月、釧路沖地震（M7・8）が発生。釧路市で震度6を記録。死者2人、負傷者966人。

▼4月、十條製紙が山陽国策パルプを合併し、社名を「日本製紙」に変更。釧路工場は日本製紙釧路工場となり、アイスホッケーチームは「日本製紙クレインズ」となる。

▼5月、錦町に釧路全日空ホテル、幸町にプリンスホテルが相次いでオープン。

▼6月、釧路市観光国際交流センターをメイン会場に、第5回ラムサール条約締約国会議が開催される。95カ国151団体が参加。

▼8月、柳町アイスホッケー場上屋工事が完成し、通年リンクとなる。

▼釧路出身の写真家、長倉洋海さんが『マスード 愛しの大地アフガン』で土門拳賞を受賞。

1994年（平成6年）

▼1月、ラルズプラザ釧路店が閉店。「金市舘」時代から数えて34年の営業に幕を下ろした。

釧路沖地震＝1993年1月15日、北海道新聞社
成人の日（当時は1月15日）の午後8時6分、震度6の烈震が釧路を襲った。
㊤望楼が崩れ、2階部分が押しつぶされた釧路市消防本部（黒金町）
㊦崖崩れで倒壊した民家（緑ヶ岡）

ラムサール条約締約国会議＝1993年6月、北海道新聞社
この会議が日本で開かれるのは初。日本の湿地保全は、この会議から実質的に始まったともいわれるほど、重要な成果を挙げた会議となった。

1995年（平成7年）

▼10月、北海道東方沖地震（M8・2）発生。釧路は震度6。

▼1月、材木山の手トンネル・旭橋通が開通。

▼8月、石黒ホーマが釧路から札幌に本社移転、「ホーマック」となる。

▼10月、音別町の大塚製薬工場釧路工場の新工場落成。

第16回国勢調査
1995年（平成7年）

釧路市	199 323人
釧路町	21 986人
阿寒町	7 050人
鶴居村	2 759人
白糠町	12 307人
音別町	3 307人
北海道	5 692 321人

1996年（平成8年）

▼3月、釧路市民生協が経営破綻。

▼4月、釧路市農村都市交流センター（山花温泉リフレ）がオープン。

▼8月、丸三鶴屋が閉店、創業90年の歴史に幕を下ろす。丸井今井が丸三鶴屋の経営権を取得し、10月に丸井今井釧路店として仮オープンした後、改装し、翌1997年3月に本格オープンした。

▽10月、本州製紙が王子製紙と合併し王子製紙となる。大楽毛の釧路工場は王子製紙釧路工場となる。

丸三鶴屋閉店＝1996年8月31日、北海道新聞社
1906年（明治39年）創業の老舗百貨店が看板を下ろした。営業最終日も大勢の買い物客が訪れた。8月1日から行った売り尽くしセールで、商品のほとんどを売り切ったという。

丸井今井釧路店、本格オープン＝1997年3月3日、北海道新聞社

ラルズ釧路店が閉店＝1994年1月23日、北海道新聞社
1960年に金市舘釧路店として出店（1989年にラルズに改称）した釧路駅前の大型店が姿を消した。

▼11月、釧路アイスアリーナ（愛称「丹頂アリーナ」）がオープン
▼11月、南大通（旧・真砂町）の料亭「八浪」が80年の歴史を閉じる。

1997年（平成9年）

▼1月、くしろ湿原国体開催。
▼3月、末広町のキャバレー「銀の目」が閉店。
▼6月、第80回釧路市民大運動会。運動会としてはこれが最後の開催となった。
▼12月、国道38号と44号を結ぶ道道釧路環状線が開通。

1998年（平成10年）

▼10月、北海道立釧路芸術館がオープン。

1999年（平成11年）

▼11月、近海郵船の釧路―東京間旅客フェリーが廃止。
▼12月、太平洋炭礦本社が東京から釧路鉱業所内へ移転。

2000年（平成12年）

▼1月、JR釧路―標茶間に「SL冬の湿原号」が運行開始。
▼2月、丸ト北村が閉店。
▼9月、イオン釧路昭和ショッピングセンターが昭和地区にオープン。
▼11月、釧路町の釧路サティが増床、シネマコンプレックスをオープン。
▼12月、釧路市民生協武佐店が閉店。

第17回国勢調査	
2000年（平成12年）	
釧路市	191 739人
釧路町	22 478人
阿寒町	6 796人
鶴居村	2 728人
白糠町	11 359人
音別町	3 031人
北海道	5 683 062人

2001年（平成13年）

▼4月、国が、釧路川の新水路部分を「新釧路川」に、旧釧路川を「釧路川」へと名称変更。34年ぶりに元の河川名に戻る。
▼4月、北大通のスガイビル内の映画館3館が休館、釧路市内から映画館が姿を消す。7月から上映を一時再開したが、翌年閉館した。
▼5月、釧路埼灯台の改築工事完成。
▼10月、リライアブル（釧路市）が大型複合店「コーチャンフォー釧路店」を春採にオープン。

キャバレー「銀の目」＝北海道新聞社
1958年創業、床面積延べ約1万平方メートル、客席約400席、「道東最大」といわれたキャバレー。北洋漁業全盛期に大勢の漁船員たちでにぎわった。1997年、閉店した。

釧路スガイ＝1999年9月、北大通6、北海道新聞社
映画館、カラオケ、アミューズメントの複合施設として長年、市民に愛されてきた。2001年に映画館が休館。後継の「アミューズメントパーク・スガイ釧路店」も2006年3月に営業を終了した。

イオン釧路昭和ショッピングセンター＝2000年９月21日、オープン前日の内覧会の様子、北海道新聞社
新しい住宅地として発展する昭和地区に、巨大なショッピングセンターが誕生。人の流れが大きく変わった。

コーチャンフォー釧路店＝2001年10月１日、春採７丁目、北海道新聞社
リライアブル（本社・釧路）の複合店「コーチャンフォー」がオープン。札幌・美しが丘店に次ぐ２店舗目で、複合店としては国内最大級（当時）の売り場面積。

なごやか亭春採店＝2003年11月、春採７丁目
三ツ星レストランシステム（本社・釧路）の回転ずし「なごやか亭」１号店は春採店。2001年９月13日に春採７丁目に移転した。なごやか亭、コーチャンフォー、スーパー、衣料品店などが並ぶ釧路春採ショッピングセンターが誕生した。

2002年（平成14年）

▼12月、太平洋炭礦、「2002年1月で閉山、従業員を全員解雇」を労働組合に正式提案。

▼**1月9日、太平洋炭礦で最後の採炭。30日、閉山。**

▼1月31日、釧路コールマインが操業開始。

▼2月、長崎屋釧路店が閉店。

▼3月、ホテル「ヒルトップ」と大浴場「クオ」が営業終了。

▼4月、釧路市・釧路町合併協議会が住民発議に基づき設置。10月には釧路市・釧路町・阿寒町・鶴居村・白糠町・音別町による「釧路地域6市町村合併協議会」も設置。

▼釧路市出身・在住の漫画家小畑友紀さんの釧路を舞台とした作品「僕等がいた」が月刊少女漫画誌「ベツコミ」（小学館）で連載開始。2006年にアニメ化、2012年には釧路市などでロケを行った実写映画が公開された。

2003年（平成15年）

▼8月、ダイエー釧路店（ハイパーマート釧路店）が閉店。
▼3月、釧路市・釧路町合併協議会が解散。
▼5月、コープさっぽろが釧路市民生協を組織統合。7月にはコープさっぽろ貝塚店が、旧ハイパーマート釧路店の跡地にオープン。
▼9月、旧長崎屋釧路店の建物に「アベニュー946」開業。
▼9月、十勝沖地震（M8・0）発生。釧路市は震度5。釧路空港ビル天井崩落、道路陥没などの被害。厚岸町で4メートル超の津波。
▼11月、釧路湿原大橋完成、12月には鉄北大橋も完成。

2004年（平成16年）

▼1月、日本製紙クレインズがアジアリーグの初代王者となる。
▼3月、釧路市鶴丘スキー場が最後の営業を終え、閉鎖。
▼4月、武佐中学校と緑陵中学校が統合して青陵中学校に、弥生中学校と東中学校が統合して幣舞中学校となる。
▼5月、釧路ステーションデパートが閉店。
▼7月、洲崎町なつかし館「蔵」が正式オープン。
▼7月、「アメリカ伊能大図里帰りフロア展in釧路」が釧路市観光国際交流センターで開催され、初めて伊能大図全214枚がそろった状態で公開された。
▼8月、くしろ千灯祭がこの年をもって終了。
▼8月、丸井今井釧路店の大通館（旧・丸三鶴屋本館）が閉店。
▼9月、釧路の秋祭りイベントを結集させた「第1回釧路大漁どんぱく」開催。

2005年（平成17年）

▼4月、緑ヶ岡高校が武佐に移転、校名を武修館に変更し、釧路初の中高一貫教育校となる。
▼7月、釧路こども遊学館がオープン。
▼10月11日、釧路市、阿寒町、音別町が合併し、新しい釧路市となる。

第18回国勢調査
2005年（平成17年）

釧路市	181 516人
釧路町	21 855人
阿寒町	6 330人
鶴居村	2 672人
白糠町	10 397人
音別町	2 632人
北海道	5 627 737人

十勝沖地震で天井がはがれ落ちた釧路空港ターミナルビル＝2003年9月26日、釧路空港、北海道新聞社

釧路大漁どんぱくの道新花火大会＝2004年9月4日、釧路川河口
前年までくしろ港まつりで行われていた道新花火大会もこの祭典に移行した。花火5千発が秋の夜空を彩った。釧路で初めて三尺玉も打ち上げられ、大輪が広がった。

2006年（平成18年）

▼3月、アミューズメントパーク・スガイ釧路北大通店が営業休止。

▼6月、釧路の沖合漁業を牽引してきた金井漁業（1919年創業）が私的整理に関するガイドラインに基づく再生計画を発表。

▼6月、釧路駅前の複合商業施設「ISM」が閉館。

▼8月、丸井今井釧路店が閉店。商業施設KOMも閉店。

2007年（平成19年）

▽7月、釧路川の源流部である屈斜路湖畔の国立公園敷地内で原生林の大規模違法伐採が行われていたことが発覚。

▼5月、釧路市動物園でアムールトラの赤ちゃん「タイガ」（雄）と「ココア」（雌）が誕生。脚に障害があることから初の人工保育を行う。順調に育ち、7月に公開され人気者に。11月、開園以来の人気者だったゾウの「ナナ」が急死。

2008年（平成20年）

▼9月、釧路日商連が経営破綻。

▼9月、「湿原の風アリーナ釧路」が完成。

丸井今井釧路店が閉店＝2006年、北海道新聞社
㊤8月20日、最後の営業を終えた丸井今井釧路店
㊦4月21日、閉店を４ヵ月後に控えた丸井今井釧路店

合併協議の経過

2002年（平成14年）

10月２日　釧路市、釧路町、阿寒町、鶴居村、白糠町、音別町による「釧路地域６市町村合併協議会」設置

2004年（平成16年）

３月31日　釧路町が合併協議会から離脱、６市町村合併協議会が解散

５月31日　鶴居村が合併協議会へ不参加を表明

６月30日　釧路市、阿寒町、白糠町、音別町の４市町による合併協議会設置

2005年（平成17年）

１月16日　白糠町が合併の賛否を問う住民投票を実施。反対が過半数。１月17日、白糠町が合併協議から離脱を表明

１月31日　「釧路市・阿寒町・音別町合併協議会」設置

３月３日　合併協定調印式が開催

10月11日　３市町が合併

ＫＯＭ閉店＝2006年８月28日、北海道新聞社
丸井今井釧路店の閉店から９日後の８月29日、旧くしろデパートが1990年に名称変更した商業施設「ＫＯＭ（コム）」（北大通３）が閉店した。中心市街地の大型店が相次いで姿を消した。くしろデパートのルーツは1929年（昭和４年）に地元の小さな商店が集まって誕生した「平和市場」。1964年11月、平和市場が協業化し、周辺商店との「寄合百貨店」の形で「協同組合くしろデパート」として開店した。

2009年（平成21年）

▼2〜5月、釧路川河口にラッコが現れ、3カ月にわたってとどまる。「クーちゃん」と名付けられ、全国的な人気者になる。

▼8月、釧路市動物園の「タイガ」が急死。

2010年（平成22年）

▼1月、くしろサッポロ氷雪国体が開かれる。

▽4月、道の支庁制度改革で、釧路支庁が釧路総合振興局へと改称。

第19回国勢調査
2010年（平成22年）

釧路市	181 169人
釧路町	20 526人
鶴居村	2 627人
白糠町	9 294人
北海道	5 506 419人

タイガとココア＝2008年、釧路市動物園、北海道新聞社
５月、釧路市動物園の雌のアムールトラ「チョコ」が３頭の赤ちゃんを出産。仮死状態だったが、うち２頭が命をつなぎ、雄は「タイガ」、雌は「ココア」と名付けられた。２頭とも四肢に障害があった。障害のあるアムールトラの人工保育は国内初。㊤は７月８日撮影、人工保育中のタイガ（手前）とココア。㊦は12月22日撮影、ともに体重が24kgを超え、風格がでてきたタイガ（上）とココア。とても仲良しのきょうだいだった。懸命に生きる２頭と、それを支える動物園の職員たちの姿は、道内外から多くの共感を集めた。

2011年（平成23年）
▼3月11日、東日本大震災。漁業、観光などに打撃。
▼5月、釧路港が国際バルク戦略港湾に選定される。

2012年（平成24年）
▼釧路港水揚げ額が50年ぶりに90億円を割り込む（88億231万円）。

2013年（平成25年）
▼6月、釧路湿原美術館が開館。
▼7月、釧路市出身の作家桜木紫乃さんが『ホテルローヤル』で直木賞を受賞。

2014年（平成26年）
▼3月、アイスホッケーアジアリーグで、日本製紙クレインズが優勝。前年（2013年）12月の全日本選手権に続き2冠を達成した。4月には初の優勝パレードが釧路市中心街で行われた。
▼釧路市が、釧路川の釧路町木場にある「釧路港東港水面貯木場」の廃止を決める。釧路川のいかだが姿を消すことになった。

東日本大震災の津波＝2011年３月11日、釧路川河口
釧路港に到達した津波の最大波は2.1メートル。釧路川河口の市街地に水があふれ、釧路フィッシャーマンズワーフＭＯＯは１階と地下が冠水した。

日本製紙クレインズ２冠達成＝2014年３月、北海道新聞社
アイスホッケーアジアリーグで日本製紙クレインズが優勝。2013年12月の全日本選手権の優勝と合わせて２冠を達成した。㊤はプレーオフ決勝第４戦（湿原の風アリーナ釧路、３月29日）で王子製紙イーグルスを下して優勝を決め、ゴール前で歓喜の輪をつくるクレインズの選手たち。㊧は２冠達成を記念し、４月６日に初めて行われた優勝パレード。釧路市役所から幣舞橋までの500メートルで行われ、沿道には市民が詰めかけ、選手たちを祝福した。

2015年（平成27年）

▼3月、道東自動車道白糠インターチェンジ（IC）が開通。

▼釧路市の人口が半世紀ぶりに18万人を割り込む。

第20回国勢調査
2015年（平成27年）

釧路市	174 742人
釧路町	19 833人
鶴居村	2 534人
白糠町	8 068人
北海道	5 381 733人

2016年（平成28年）

▼3月、道東自動車道の白糠ＩＣ—阿寒ＩＣが開通。道東道は１９９５年の一部開通から21年を経て釧路市まで延びた。

▼8月、旧・日銀釧路支店のライトアップ始まる。

2017年（平成29年）

▼8月、阿寒国立公園が「阿寒摩周国立公園」に改称される。

▼2月、釧路市中央図書館（釧路文学館併設）が北大通に開館。

2018年（平成30年）

▽9月6日、北海道胆振東部地震発生。道内全域停電となる。

▼11月、国際バルク戦略港として全国初の穀物の輸入拠点となる釧路港国際物流ターミナルが完成。

▼12月、日本製紙がクレインズ廃部を発表。

2019年（平成31年・令和元年）

▼1月、新橋大通のイトーヨーカドー釧路店が閉店。

▼3月30日、太平洋石炭販売輸送臨港線が運行休止。6月に廃止。

▼3月31日、日本製紙クレインズ廃部。最後のアジアリーグは5季ぶりにプレーオフに進出し、準優勝。釧路での最終戦は観客３０１１人が応援した。6月、後継の「ひがし北海道クレインズ」が発足した。

▽5月1日、令和に改元。

▼7月、日本の国際捕鯨委員会（ＩＷＣ）脱退を受け、商業捕鯨が31年ぶりに再開。釧路港でミンククジラが水揚げされた。

▼7月、釧路市動物園でキリンの赤ちゃん生まれる。釧路動物園でのキリンの出産は31年ぶり。

▼釧路市博物館所蔵のアイヌ民族の木綿衣「ルウンペ」が世界最古級であることが、国立民族学博物館などの研究チームの調査で判明。

商業捕鯨再開、初水揚げ＝2019年7月1日、釧路港　北海道新聞社

日本が2019年7月1日、商業捕鯨を31年ぶりに再開。かつて日本一の捕鯨基地だった釧路港で、日本小型捕鯨協会（福岡）が沿岸捕鯨を始めた。網走市の捕鯨業者「下道水産」や和歌山県、千葉県などの小型船５隻が出漁。同日夕、再開後第１号となる２頭のミンククジラを釧路港に水揚げした。うち１頭は体長８・３メートル、重さ約６トンの大型の雌だった。国際捕鯨委員会（IWC）の商業捕鯨一時停止決定を受け、日本は1988年に商業捕鯨を中断。再開が見通せないため2019年6月30日でIWCを脱退した。

日本製紙クレインズ、校庭リンクで練習＝2019年2月1日、鳥取小学校、北海道新聞社
日本製紙クレインズが、鳥取小学校の校庭リンクで氷上練習を行った。チームはアジアリーグを快進撃中だったが、釧路市内で冬季国体が始まったことからホームリンクが数日間使えなくなり、１日限りの校庭リンク練習が実現した。
前年12月に廃部が発表され、日本製紙として臨んだ最後のシーズンはプレーオフ決勝に進出、惜しくも優勝は逃した。
３月末の廃部後、クラブチーム「ひがし北海道クレインズ」が発足、アジアリーグに参戦した。

紫雲台墓地からの展望＝2014年3月12日（4枚の写真を合成）、北海道新聞社
知人岬（左）から、雪に覆われた春採湖（右）までの展望。左手前は公園を備えた千代ノ浦の港。遠くに阿寒連峰が見える。
約14万平方メートルの敷地に約5千のお墓が並ぶ紫雲台墓地。公営墓地となったのは1892年（明治25年）。それ以前からアイヌ民族が埋葬地として利用していたという。

「僕等がいた」原画展＝2010年7月31日、JR釧路駅特設会場　北海道新聞社
釧路市在住の漫画家小畑友紀さんの大ヒット作で、釧路も舞台として描かれている「僕等がいた」の原画展が7月31日～9月5日、JR釧路駅の特設会場で開かれた。釧路駅の１番ホームや幣舞橋などを描いた原画95点を展示。8月8日には小畑さんのサイン会も行われた。期間中、全国から大勢のファンが訪れ、原画展会場だけでなく、作品で描かれている場所などを巡っていた。

アメリカ伊能大図里帰りフロア展＝2004年7月16〜19日、釧路市観光国際交流センター、実行委員会提供
江戸時代の測量家、伊能忠敬が中心となって作製した日本地図「大日本沿海輿地全図」の「大図」214枚全てをそろえた日本初の展示会。4日間で2万3千人が来場した。
伊能大図は伊能とその弟子たちが日本中を測量し、17年かけて1821年（文政4年）に完成させた。しかし、原本は皇居の火災で、複本も関東大震災で焼失。複製も多くの所在が分からなかったが、うち207枚の複製が2001年、アメリカで発見された。その後、国立歴史民俗博物館と国会図書館で計3枚、釧路展直前の2004年5月に海上保安庁で最後の4枚の複製が見つかり、全214枚が初めてそろった状態で釧路でお披露目された。

千代ノ浦マリンパーク＝2008年８月20日、北海道新聞社
2008年6月に全面オープン。広さ約2万2000平方メートル、親子で遊べる親水施設は千代ノ浦漁港の新しいランドマークだ。高さ約5メートルの人工の岩山には、滑り台やネットの遊具など仕掛けが満載。滝や小川はポンプで汲み上げた本物の海水を使っている。本来は2004年に完成する計画だったが2003年の十勝沖地震で被災し、オープンが遅れた。

「試される」時代の釧路

佐藤 宥紹

隔地間交易と地域分業の江戸期

19世紀、釧路川河口に大規模なコタン「七十九軒三百九十人」。アイヌ民族と和人との交易の時代はすでに終わり、時は地域資源を本州経済のニーズに合わせ、積み出す時代を迎えました。漁業資源は形を変え本州へ。ニシン・イワシは農業用肥料、コンブは中国向け輸出品、サケ・タラは江戸の旨味食材です。釧路川河口と江戸・上方を結ぶ海路輸送で遠隔地間交易が始まります。地域の資源は、本州農村が進めていた綿花・稲作の増産に貢献、日本全体の経済を補完する地域分業の一翼を分担していたのです。

釧路は、新潟商人が経営する漁場に、東北から出稼ぎ労働を受けいれました。永く住むアイヌ民族を漁場の補助労働に組み込みます。強い生産と流通のシステムが河口に大コタンを形成した要因です。

資源に期待集まる明治から昭和期

江戸時代の釧路川河口はまた、交通の要点。箱館と国後・択捉を結ぶ道と太平洋とオホーツク海を結ぶ道が釧路で接続します。「くしろ」という地名の由来には諸説ありますが、その一つは釧路川経由、斜里川に至る「(山を)越える・道」というアイヌ語です。太平洋とオホーツク海を結節する道にこそ意味ありと、考えています。釧路川河口は交易・漁業・交通の地域資源を集積する地点です。その有益性から「有力な投資対象地」として本州経済の期待を集めました。

釧路川河口に明治期、佐賀・鳥取から移住者が入ります。１８８７年（明治20年）前後には東北から農漁業者や炭鉱に従事する民を迎えます。漁業に加え農業が、硫黄・石炭が、木材が、相次いで開発対象となりました。国の補助、民間の投資が大地を開き、資源を採取し、成果品を本州のみならず海外に積みだしてゆくシステムができあがりました。「未利用資源に期待が集まり、資源が高い価値に変わった時代」の開始です。

釧路は経済指標が「膨張の時代」を迎えました。１９００年（明治33年）の人口は1万人。自治制の「釧路町」が誕生します。世紀が変わるこの時期、鉄道と港湾の整備が着手されます。釧路は道内鉄道路線網の東部起点となりました。函館―釧路間の鉄道が全通する１９０７年（明治40年）、近代港湾を建設する国家予算が認められた１９０９年（明治42年）。釧路港は鉄道輸送と汽船運輸が釧路で結ばれる「海陸輸送の結節点」となり、北海道東部の物流拠点地に位置します。

１９２０年（大正9年）には、釧路町に北海道区制が敷かれ、釧路区が発足します。産業的にも都市基盤整備でも、「近代化」の時代。内陸炭鉱と農地が開発され、太平洋炭礦株式会社が創業、鳥取の地に富士製紙株式会社釧路工場が操業します。漁船は風帆から石油動力に変わる「漁船動力化」の時代です。施設で民営鉄道網の広がり、水道、公園、街路の整備と四代目幣舞橋が完成します。本書『くしろ写真帳』に掲載される写真の多くが撮影される時代に入りました。

「期待される」が「試される」に

１９５２年（昭和27年）、釧路市はその資源と潜在能力が「期待される」時代の完成期です。ところが他方で資源と潜在能力への評価が転換し、実に「試される」時代に向かう指標となる出来事が示されます。

その１９５２年の釧路市人口は10万人。１９２０年（大正9年）に人口3万人、１９２２年（大正11年）に市制が施行されました。戦時に人口停滞を経験するも、増加を続けます。

その要因です。石炭は輸送や発電、暖房の燃料として増産。漁業は戦時で休業している間に資源が回復し、サバ・サンマが大漁となったのみならず、釧

2001年1月11日掲載、
北海道新聞社

路港は北洋漁場に進出する日本漁船の水揚げ港とされました。日本銀行釧路支店が、地元の熱心な誘致で営業を開始したのは1952年10月。中央銀行の支店開業はその後に続く「誘致の時代」のシンボルです。観光客、釧路港に水揚げする漁船、当時の本州製紙工場など、マチぐるみの誘致策が効果的に展開されました。外部の投資は、この地への期待度の高さの表現です。

阿寒国立公園の映画ロケで観光客が増加、小説『挽歌』が生み出した「一大ブーム」も起き、「釧路」の名が全国に広まります。1960年、釧路市の人口は15万人に達します。

ここで一つ、着目すべきことが1952年に起きます。石油の販売自由化です。

日本が第2次世界大戦後、国際社会に復帰できたことで、石油輸入に制限を受けた戦前・戦中の枠組み、さらに戦後の連合国占領下で作られた規制が撤廃されたのです。その後には石炭政策の変更が待ちうけていました。石炭増産は続くも釧路炭田の小ヤマは閉山。国内では三菱資本や明治鉱業の炭鉱が閉山していきます。釧路の資源に対する評価が転換し、海外資源に代替・置換される時代の始まりです。

1977年には国際漁業規制と続きました。そればかりか長く釧路や北海道を形づくった域外からの投資が撤退します。域外からの投資あればこそ釧路を発展させた投資が、こぞって海外に向けられる時代を迎えました。

「期待される」時代に、それまで「右肩あがり」を続けてきた経済指標は停滞、都心の空洞化も進みます。これぞ「試される」時代の開始です。

釧路湿原国立公園指定、釧路公立大学開学、自然にみちた美しい景観。

今、釧路市は「試される」時代の地域創造に取り組んでいます。英知を深めています。地域創造のエネルギーを高め、地域内外の「知恵と力」を集め、創造・育成・バックアップ＝支援を立ち上げてみましょう。

北海道釧路市、「地域の表情」を世に示す、『くしろ写真帳』です。

◇

さとう・ひろつぐ　釧路短期大学教授（日本北方史、港湾文化論）。1943年（昭和18年）、釧路管内厚岸町生まれ。元・釧路市地域史料室室長。『戦後史ノート〜20万都市・釧路の成立〜』（共著、上巻2002年、下巻2004年、釧路市）、『釧路川文化論』（1996年、釧路短期大学・標茶町教育委員会）ほか。2016年、北海道新聞「朝の食卓」筆者を務めた。

記憶を伝えたい

木村 浩章

私たちが日ごろ見慣れた今の釧路の街並みは、黎明期から現在まで多くの人々の生活の記憶を伝えています。

小さな漁村の釧路に夢を抱き長い船旅を経て上陸した人々で賑わう真砂町から、中心商店街へ発展する南大通の街並み、不毛の地に開設された鉄道が港と結ばれて鉄道の拠点として西幣舞から道東の中核都市釧路の中心市街地へと発展した北大通の街並み、内陸の交流と木材流送の主役として釧路の発展を支えた釧路川、釧路川の橋南と橋北の街の交流を支えた幣舞橋の街並み、釧路川を埋め尽くす漁船と逞しさあふれる漁業の街並み……。多くの人々の生活の記憶が、釧路の中心市街地の街並みに伝えられています。

幣舞橋を中心とした市街地の周囲には、鳥取士族が開拓に挑戦し、その後、製紙工場が進出した鳥取の街並み、明治初期に安田善次郎が開いた炭鉱の記憶を伝える春採の炭鉱の街並みなどが拡がり、躍進釧路を支えた人々の生活の記憶を伝えています。

人々の生活の記憶を伝える街並みは変化も続けています。水揚げ日本一を記録した漁業、国内最後の坑内掘りを続けた石炭産業、日本製紙と王子製紙の稼働する紙パルプ業、物流拠点を担う港と鉄道、市民生活を支える商店街、歓楽街などは、産業活動と都市機能などの変化によって、幣舞橋が初代から五代目まで姿を変えたのと同様に変化

を重ねています。変化する街並みの記憶は、私たちに懐かしさと共に感動や勇気を与えた先人の思いを伝える生活と文化の記憶でもあります。

私たちが記憶する街並みは、子どものころの家や学校などの身近な範囲から徐々に拡がる自分が体験した街並みと、それに加えて両親や古老たち先人から伝えられた記憶です。その私たちの街並みの記憶を、『くしろ写真帳』によって、次代へ伝えることができればと思っています。

◇

きむら・ひろあき　「真砂町倶楽部」代表、「釧路観光ガイドの会」副会長、「釧路地方の地名を考える会」副会長。1941年（昭和16年）、釧路市生まれ。1966年、丸三鶴屋に入社し、1996年に同社が百貨店を廃業するまで勤務。2009～2011年、北海道新聞夕刊釧路版で「記憶の一枚　釧路・北大通のにぎわい」を97回にわたって連載した。

民間が牽引した歴史

柴田　哲郎

北海道の開拓・開発というと、大原始林を切り拓くイメージを持たれるのが一般的かもしれない。当地釧路でも大地の開拓に汗を流した先人たちが大勢いたに違いない。だが、私は釧路の街が形成される草創期の情景を想うとき、まず、民間の実業家・起業家の名が想い浮かぶ。

第一は、安田財閥の安田善次郎で、明治20年代初期より弟子屈のアトサヌプリの硫黄を標茶で製錬し、それを輸出していた。製錬に必要な石炭は春採湖の周辺で発見された石炭を使っていた。原料・製品の運搬には鉄道を敷設し、釧路川を利用した。もう一人は、当地の自然条件・地下資源及び港湾に注目し製紙業を起業した前田正名である。水源となる釧路川と天寧川が合流する付近に、明治32年（1899年）に北海道では初めての製紙工場を建設。紙の原料である木材は大原生林が背景に在り、機械の動力となる電気は、別保地区で発見・採掘された石炭を使い発電していた。

釧路では、民間の人々によって明治30年代には近代産業が萌芽していたのだ。官営の鉄道が釧路—白糠間を走るより、築港予算が議会を通過する以前の話である。両人が関わった石炭鉱山は、後に太平洋炭礦として釧路の経済の一翼を担う会社となり、一方、前田製紙は紆余曲折を経て、日本製紙釧路工場として稼動を続けている。

明治40年代になると、釧路～旭川～函館間の鉄道が全通し、築港予算が国会を通過する。流通インフラが整備され、呼応するかのように花開いたのが鉄道枕木などを生産する林産・木材業であった。釧路は木材の集散地として世界的に注目を集める地となった。大正期に入ると、石炭産業が本格的に動きだし釧路の経済を支える重要な要素となってくる。

釧路の街の発展を支えた礎に、産業を興した民間の実業家・起業家が存在した。民間が牽引し、官が後押しをして発展してきたように思えてならない。そんな思いをこの『くしろ写真帳』より汲みとっていただき「産業都市釧路」真の姿を見ていただけたら望外の喜びである。

◇

しばた・てつろう　「緑鯨社」取締役社長、「釧路地方の地名を考える会」副会長。1951年、釧路市生まれ。釧路江南高校卒。会社員を経て1996年、出版社の緑鯨社を設立。編集責任者として、詩集や歌集、随筆、記念誌など幅広い分野の書籍を数多く出版している。2003～2009年、北海道新聞夕刊釧路版コラム「風に乗せて」「夕べの止まり木」筆者。

歴史を地図と地名で振り返る

中江　徹

地図は「忘れていた過去、思い出」を物語ります。時代ごとの地図を重ね合せ分析することで、地域の歴史変化の流れがよく分かり、過去を旅する気持ちになります。

アイヌ語地名は、口承言語とも言われています。江戸時代から記録に残されてきた地名の由来を振り返ると、縄文時代より続く北海道の風土が見えてきます。

明治以降の北海道は、農地化・都市化が大きく進展し、時代ごとに風土感

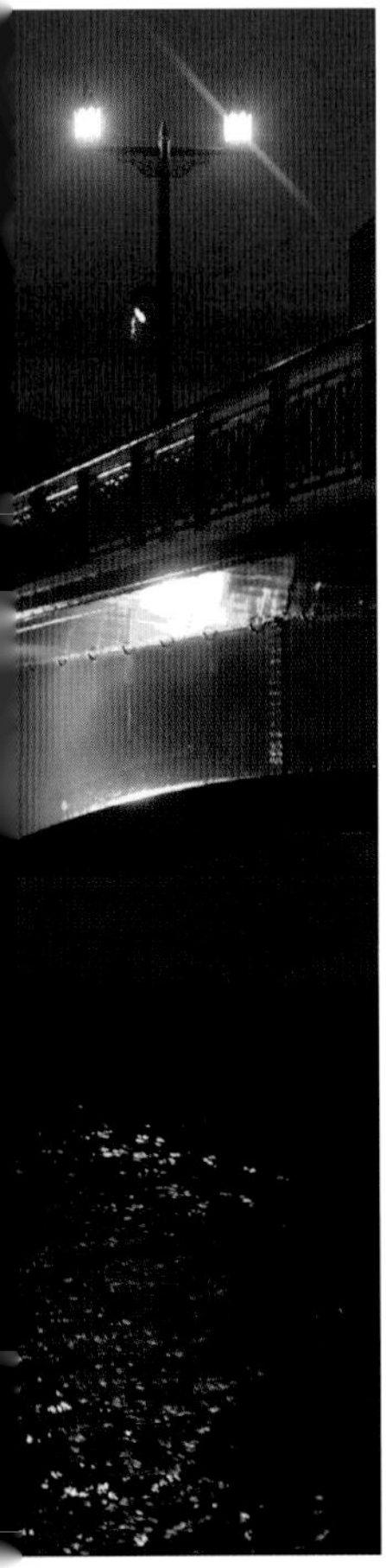

2005年8月15日、北海道新聞社

覚が大きく変化しています。それぞれの時代の地図を現代の地図に組み合わせると、先人の生きてきた歴史的経緯の理解が進みます。明治以降の地図は基本的に、国土地理院が作成した地形図、地勢図がさまざまな形で利活用されていますが、それぞれの地図作製時には、その時点での地名が地図中に記載されています。これにより、先人が名付けた地名が貴重な記録として残されたことになります。

一方で、地名が消される、という時代的変化の流れもあります。釧路地域の歴史を知りたいという方々と話をすると、「過去を振り返る資料の入手が難しい」「市役所、図書館、博物館などで調べるにしても一覧で理解できる資料がない」「知りたい思いはあるが、一部の愛好家に昔の地図が秘蔵されているようで、目にする機会がない」などの苦言を何度となく聞いています。現代は、その基本図と航空写真、衛星写真、ドローン撮影画像などをインターネットを活用して入手することも可能になりました。それらを組み合わせて分析することも数多くなされています。残されてきた「地図」や「地名」、「写真」は、地域の歴史をたどり、未来につなげる貴重な基本的な記録なのです。

◇

なかえ・とおる　「釧路地方の地名を考える会」会長、釧路管内指導林家連絡協議会会長、北海道指導林家連絡協議会副会長。１９４９年、釧路市生まれ、釧路湖陵高校卒、東京農業大学林学科卒。釧路に戻り、測量会社に勤務。祖父・父の残した山林の「山づくり」にも取り組んでおり、厚岸町森林組合の組合長（２００６〜２０１８年）も務めた。

いつの日か和解と共生の地域史を

藤田　卓也

私たちが『くしろ写真帳』編纂に参加した２０１７〜２０２０年の３年余りは、わが国政府がちょうど国際社会の中でアイヌ民族を先住民族として認定宣言し、国内法として「アイヌの人々の誇りが尊重される社会を実現するための施策の推進に関する法律（通称：アイヌ新法）」（平成31年法律第16号、令和元年５月24日施行）を制定するまでの期間やアイヌ文化復興拠点「民族共生象徴空間（ウポポイ）」（胆振管内白老町）開設の時期と重なっていた。

「アイヌ民族」に触れた法文文言が初めてわが国法律上に表記条項としており込められるまでに１９７５年の先住民族世界会議（ＷＣＩＰ）創設から実に45年の歳月を要したことになる。

私は50年前に「反アパルトヘイト運動」「反白豪主義」「公民権運動」が世界三大人権獲得運動だと教えられた。50年後の今日、それらの運動によって、人権を否定していた人種差別施策は大きく否定されるに至っている。

北海道では過去においても、カナダやオーストラリアのような「ファースト・ネーション論争」や「ホワイト・ネーション論争」が起きなかったし、残念ながら問題提起はされたもののそれを大きく取り上げなかったことから、北海道内の歴史記述に関してはわずか百数十年の「記録として残っている歴史」に終始されてきた。

本書は、画像として残されている写真、地図、図版、イラストなどをできる限り後世への史料として記録しておきたい一心から編集した結果となった。しかし、いつかは和解と共生の地域史が編まれることを希望する次第である。釧路市・阿寒町・音別町の３市町ピーク時人口は23万人もあったのだが、現在では16万人である。それでは、この７万人の人々はどこへ移動したのであろうか。根室管内全域人口に匹敵するほどの多くの方々はどちらで生き延びられたのであろうか。それほどに１５０年にわたるわがまちの産業勃興から再編、企業存亡、地域の盛衰に関わる近代化現代化の歴史は、自らを見つめ直し、襟を正すきっかけを与えてくれる機会となった。

◇

ふじた・たくや　藤田印刷代表取締役社長。１９４７年、釧路市生まれ。１９１６年（大正５年）創業の老舗印刷会社の３代目代表取締役に１９８２年就任。本業のかたわら、多彩な文化・まちづくり活動に取り組む。２０１７年には「ワンロード　現代アボリジニ・アートの世界」釧路展（釧路市立美術館）を実行委員会事務局長として手掛けた。

編著者（50音順）＊略歴は解説・編集後記の末尾に記載しています。

木村 浩章　真砂町倶楽部代表、釧路観光ガイドの会副会長、釧路地方の地名を考える会副会長

佐藤 宥紹　釧路短期大学教授、元・釧路市地域史料室室長

柴田 哲郎　緑鯨社取締役社長、釧路地方の地名を考える会副会長

中江 徹　釧路地方の地名を考える会会長、釧路管内指導林家連絡協議会会長

藤田 卓也　藤田印刷代表取締役社長

北海道新聞社

北海道新聞釧路支社は1902年（明治35年）、初代釧路町（現・釧路市）の町長白石義郎が設立した釧路新聞社が前身。この2年前の1900年（明治33年）10～12月に「釧路新聞」（初代）が発行されていたため、歴史的には二代目の「釧路新聞」となる。当初は週刊だったが、1904年（明治37年）12月から日刊となった。石川啄木は1908年（明治41年）1月、編集長格として着任。釧路に76日間滞在し記者として活躍した。1942年（昭和17年）11月、「釧路新聞」を含む道内11紙が統合されて「北海道新聞」が創刊。釧路新聞社は北海道新聞釧路支社となった。

釧路新聞社は創刊時、現在の南大通にあったが、啄木の来釧前日の1908年1月20日、大町2丁目の新社屋に移転した。この社屋は赤レンガ造りで、北海道新聞釧路支社となってからも増改築しながら使用された。釧路支社は1958年、北大通2丁目東側の新社屋に移転。さらに1980年に黒金町の現社屋に移転した。

本書には、釧路新聞社時代から現在まで歴代の記者・カメラマンの記事・写真を多数使用した。ただ、2001年以前は一般の記事・写真に原則、署名を入れておらず、本書に掲載した北海道新聞社の写真のうち大半は撮影記者名が不明。記事の署名などから確認できる撮影記者は次の通り（50音順）。

浅利文哉、岩井直樹、植村佳弘、大城戸剛、大倉玄嗣、小野弘貴、加賀昌雄、加藤哲朗、金本綾子、菊地賢洋、小松巧、近藤整広、櫻井徳直、佐竹直子、茂忠信、田子由紀、田中雅章、玉田順一、西野正史、野勢英樹、濱本道夫、藤井泰生、松原国臣

協力　釧路市立博物館、釧路市教育委員会生涯学習課、共栄稲荷神社、鳥取神社、太平洋炭砿管理職釧路倶楽部、佐藤冨喜雄、市橋大明

編集協力　**石川孝織**（釧路市立博物館）

掲載写真・資料所蔵者（編著者・北海道新聞社以外、複製所有者含む）

釧路市立博物館、釧路市教育委員会生涯学習課、釧路市、函館市中央図書館、真砂町倶楽部、鳥取神社、共栄稲荷神社、釧路和商協同組合、鶴居村教育委員会、古潭・雄別歴史資料室、サトービル、近海郵船、小野睦雄、酒井豊隆、宮内明朗、宮本和摩、今井啓輔、高井薫平、藤田民子、藤田印刷、北海道立文学館、北海道大学附属図書館、国立公文書館、国立国会図書館、テキサス大学図書館

序文　**桜木紫乃、長倉洋海**

（以上、敬称略）

北海道新聞社出版センター
edit/book design/illustration 大倉玄嗣
proofreading 篠原道子
page010-011 photo retouch 吉田晴香
research 佐野幸雄　plan 菊地賢洋

＊表紙写真（いずれも北海道新聞社）
表紙：夏、観光客が集まる幣舞橋＝1979年8月2日掲載
裏表紙：釧路工業高校アイスホッケー部全国優勝＝1987年1月23日、第36回全国高校スケート大会＠八戸市
釧路江南高校アイスホッケー部全国優勝＝1993年1月23日、第42回全国高校スケート大会＠苫小牧市
モシリヤチャシ＝撮影年不明
柳町スケート場＝2006年1月4日
冬の幣舞橋（四代目）と釧路市街＝1964年2月21日掲載

くしろ写真帳

2020年6月29日　初版第1刷発行

編著者　木村 浩章、佐藤 宥紹、柴田 哲郎、中江 徹、藤田 卓也、北海道新聞社

発行者　菅原 淳

発行所　北海道新聞社
〒060-8711　札幌市中央区大通西3丁目6
出版センター（編集）011・210・5742
（営業）011・210・5744

印刷所　藤田印刷株式会社

製本所　石田製本株式会社

ISBN 978-4-89453-991-4　C0021

コンブ干し＝2018年５月27日、桂恋、北海道新聞社

ナガコンブ漁＝2013年７月８日、桂恋海岸、北海道新聞社

コンブの丘、縞模様＝1989年6月、桂恋、北海道新聞社機からサオマエコンブ漁の最盛期。丘を覆うように広がる干場に並んだコンブが、巨大な縞模様をつくる。黒っぽいほど水揚げからの時間が短い。